Die Umsetzung der Fernabsatzrichtlinie
in Deutschland und Polen

PFORZHEIMER WIRTSCHAFTSRECHTLICHE STUDIEN

Eine Reihe der Fakultät für Wirtschaft und Recht der Hochschule Pforzheim

Herausgegeben von
Rainer Gildeggen und Andreas Willburger

Band 2

PETER LANG
Frankfurt am Main · Berlin · Bern · Bruxelles · New York · Oxford · Wien

Julia Andrzejewski

Die Umsetzung der Fernabsatzrichtlinie in Deutschland und in Polen

Die Umsetzung der Richtlinie 1997/7/EG
des Europäischen Parlaments
und des Rates vom 20.05.1997
über den Verbraucherschutz bei
Vertragsabschlüssen im Fernabsatz
in Deutschland und Polen

PETER LANG
Internationaler Verlag der Wissenschaften

Bibliografische Information der Deutschen Nationalbibliothek
Die Deutsche Nationalbibliothek verzeichnet diese Publikation in der Deutschen Nationalbibliografie; detaillierte bibliografische Daten sind im Internet über <http://www.d-nb.de> abrufbar.

ISSN 1863-205X
ISBN 978-3-631-56946-7

www.peterlang.de

Vorwort der Herausgeber

Die Fakultät für Wirtschaft und Recht an der Hochschule Pforzheim bildet Wirtschaftsjuristen und Betriebswirte aus. Praxisorientierung und Interdisziplinarität bestimmen neben der heute unabdingbaren Internationalität das Profil der wirtschaftsrechtlichen Ausbildung in Pforzheim. Mit der vorliegenden Reihe soll dem Profil der Lehre und Forschung an der Hochschule in Pforzheim Rechnung getragen werden. Sie will Studierende, Kolleginnen und Kollegen motivieren ihre Studienergebnisse mit wirtschaftsrechtlichem Bezug weiterhin zu vertiefen und einer breiten Öffentlichkeit zugänglich zu machen.

Zur Sicherung der Qualität der in der Reihe veröffentlichten Studien wurde ein Beirat eingerichtet, der über umfassende Sachkompetenz in den Bereichen Recht, Betriebswirtschafts- und Volkswirtschaftslehre verfügt. Der Beirat wählt die zu veröffentlichenden Arbeiten aus.

Rainer Gildeggen　　　　Andreas Willburger

Vorwort

Neue Kommunikationsmittel wie beispielsweise das Internet werden immer mehr Bestandteil des Alltags und gewinnen zunehmend an Bedeutung. So wächst vor allem die Zahl der elektronisch getätigten Käufe (online-shopping) stark. Der entscheidende Vorteil des Internets gegenüber den klassischen Medien des Versandhandels – wie z.B. Kataloge – ist, dass es keine regionalen oder nationalen Beschränkungen gibt, sondern dass problemlos auch über die Grenzen hinaus weltweit Geschäfte getätigt werden können.

Die EU hat die Gefahren, die sich für Verbraucher beispielsweise bei elektronisch getätigten Käufen ergeben, erkannt und auf diese Entwicklung regiert. So wurde u.a. die Richtlinie 1997/7/EG vom 20.05.1997[1] über den Verbraucherschutz bei Vertragsabschlüssen im Fernabsatz (Fernabsatzrichtlinie) erlassen, die von den Mitgliedsstaaten in Teilen unterschiedlich umgesetzt wurde.

Polen als größter neuer Mitgliedsstaat der EU mit einem großen wirtschaftlichen Potential ist für deutsche Anbieter ein interessanter Markt, der beispielsweise über das Internet erreicht werden kann.

Die Umsetzung der Fernabsatzrichtlinie in Polen und der Vergleich mit der deutschen Umsetzung wurde in der Literatur bisher kaum behandelt. Die vorliegende Arbeit soll versuchen, diese Lücke zu füllen.

Ich danke Prof. Dr. Tobias Brönneke für die Anregung dieses Themas. Außerdem bin ich Prof. Dr. Rainer Gildeggen und Prof. Dr. Andreas Willburger für die Aufnahme in die Schriftenreihe „Pforzheimer wirtschaftsrechtliche Studien“ zu Dank verpflichtet.

Für Ihre Unterstützung möchte ich mich auch bei Agata Kulka bedanken sowie bei Alexandra Josko und Darius Soglowek für die Durchsicht der Arbeit. Mein ganz besonderer Dank gilt Tobias Mandel für seine Geduld und Unterstützung vor allem in schwierigen Phasen und nicht zuletzt meiner Familie.

Pforzheim, im Juli 2007 Julia Andrzejewski

---

1 ABl. EG Nr. L 144 vom 04.06.1997, S.19 ff.

Inhaltsverzeichnis

Abkürzungsverzeichnis

a.A	anderer Ansicht
a.F.	alte Fassung
ABl. EG	Amtsblatt der Europäischen Gemeinschaft
Abs.	Absatz
AGB	Allgemeine Geschäftsbedingungen
AGBG	Gesetz zur Regelung des Rechts der allgemeinen Geschäftsbedingungen
Art.	Artikel (Einzahl)
Artt.	Artikel (Mehrzahl)
Aufl.	Auflage
BB	Betriebsberater (Zeitschrift)
Bd.	Band
BGB	Bürgerliches Gesetzbuch
BGB-InfoV	Verordnung über Informationspflichten nach bürgerlichem Recht
BGBl.	Bundesgesetzblatt
BGH	Bundesgerichtshof
BKR	Zeitschrift für Bank- und Kapitalmarktrecht (Zeitschrift)
Bsp.	Beispiel
BT-Drs.	Bundestags-Drucksache
bzgl.	bezüglich
bzw.	beziehungsweise
CR	Computer und Recht (Zeitschrift)
DB	Der Betrieb (Zeitschrift)
d.h.	das heißt
Dz.U.	Dziennik Ustaw (das polnische Gesetzblatt)
ECRL	E-Commerce-Richtlinie
EG	Europäische Gemeinschaft
EGBGB	Einführungsgesetz zum Bürgerlichen Gesetzbuch
Einl.	Einleitung
Email	Electronic Mail
endg.	endgültig
EU	Europäische Union
EuGH	Europäischer Gerichtshof
EuZW	Europäische Zeitschrift für Wirtschaftsrecht (Zeitschrift)
EWR	Europäischer Wirtschaftsraum
f., ff.	folgende(r), fortfolgende
FARL	Fernabsatzrichtlinie
FernAG	Fernabsatzgesetz
FernUSchG	Fernunterrichtsschutzgesetz
Fn.	Fußnote
gem.	gemäß
GRUR-RR	Gewerblicher Rechtsschutz und Urheberrecht Rechtsprechungs-Report (Zeitschrift)
Hrsg.	Herausgeber/in
insb.	insbesondere
i.d.F.	in der Fassung
i.d.R.	in der Regel

i.S.d.	im Sinne des
i.S.v.	im Sinne von
i.V.m.	in Verbindung mit
IPR	Internationales Privatrecht
JuS	Juristische Schulung (Zeitschrift)
KC	kodeks cywilny (polnisches Zivilgesetzbuch)
KPP	Kwartalnik Prawa Prywatnego (Zeitschrift)
lit.	Litera
MoP	Monitor Prawniczy (Zeitschrift)
MMR	Zeitschrift für Informations-, Telekommunikations- und Medienrecht (Zeitschrift)
MDStV	Staatsvertrag über Mediendienste (Mediendienstestaatsvertrag)
NJW	Neue Juristische Wochenschrift (Zeitschrift)
NJW-RR	NJW-Rechtsprechungs-Report (Zeitschrift)
Nr.	Nummer
NZBau	Neue Zeitschrift für Baurecht und Vergaberecht (Zeitschrift)
OchrKonU	Ustawa o ochronie niektórych praw konsumentów oraz o odpowiedzialności za szkodę wyrządzoną przez produkt niebezpieczny (Gesetz über den Schutz einiger Verbraucherrechte sowie die Verantwortung für durch gefährliche Produkte hervorgerufene Schäden)
Pos.	Position
PPH	Przegląd Prawa Handlowego (Zeitschrift)
Rn.	Randnummer
S.	Satz oder Seite
Slg.	Sammlung
sog.	sogenannte
SpStr.	Spiegelstrich
TDG	Gesetz über die Nutzung von Telediensten (Teledienstegesetz)
u.a.	unter anderem
UklaG	Unterlassungsklagengesetz
UsługElektronU	Ustawa o świadczeniu usług drogą elektroniczną (Gesetz über Dienstleistungen auf elektronischem Wege)
usw.	und so weiter
u.U.	unter Umständen
UWG	Gesetz gegen unlauteren Wettbewerb
Vorbem.	Vorbemerkung
vgl.	vergleiche
z.B.	zum Beispiel
ZNKU	Ustawa o zwalczaniu nieuczciwej konkurencji (Gesetz über die Bekämpfung des unlauteren Wettbewerbs)
ZPO	Zivilprozessordnung
z.T.	zum Teil

Hinweise für den Leser[2]

Die polnischen Gesetzbücher (*kodeksy*) sind abweichend von deutschen Gesetzbüchern in Artikel als redaktionelle Haupteinheit und Paragraphen als nachfolgende Gliederungsebene, vergleichbar mit Absätzen im deutschen Recht, gegliedert (z.B. Art.169 § 2 KC). In den übrigen Gesetzen (*ustawy*) wiederum sind Artikel in Absätze unterteilt (z.B. Art.6 Abs.1 OchrKonU).

Die Änderungen der Nummerierung der Artikel und Paragraphen in Folge einer Novelle der Gesetze erfolgt in Polen i.d.R. dergestalt, dass die ursprünglichen Zahlen hochgestellte Nummern bekommen (z.B. Art.66^1 KC). Diese Nummern sind nicht als Fußnoten zu betrachten.

In der polnischen Literatur gibt es – abgesehen von den Gesetzbüchern – für Gesetze keine einheitlichen Abkürzungen. In dieser Arbeit werden die vom Beck-Verlag verwendeten Abkürzungen übernommen.

---

[2] Diese Hinweise wurden z.T. übernommen aus *Lasota*, Verbraucherschutz im Internet nach polnischem Recht, S.XII.

1. Teil: Einführung

Die Richtlinie 1997/7/EG vom 20.05.1997[3] über den Verbraucherschutz bei Vertragsabschlüssen im Fernabsatz dient der Angleichung der Rechts- und Verwaltungsvorschriften der Mitgliedsstaaten über Vertragsabschlüsse im Fernabsatz zwischen Verbrauchern und Lieferern (Fernabsatzrichtlinie). Sie bezieht sich auf Verträge, die Waren oder Dienstleistungen betreffen und die zwischen einem Lieferer und einem Verbraucher im Rahmen eines für den Fernabsatz organisierten Vertriebs- bzw. Dienstleistungssystems des Lieferers geschlossen werden, wobei der Lieferer für den Vertrag bis zu dessen Abschluss einschließlich des Vertragsabschlusses selbst ausschließlich eine oder mehrere Fernkommunikationstechniken verwendet.

Sowohl Deutschland als auch Polen haben diese Richtlinie in nationales Recht umgesetzt. Da mit der Fernabsatzrichtlinie ein Mindestschutz des Verbrauchers im Binnenmarkt gewährleistet werden soll, haben die Mitgliedsstaaten bei der Umsetzung einen Gestaltungsspielraum. Sie dürfen nämlich gem. Art.14 FARL mit strengeren Bestimmungen ein höheres Schutzniveau erlassen oder aufrechterhalten. Als Folge wurde die Umsetzung der Richtlinie in den einzelnen Mitgliedsstaaten unterschiedlich ausgestaltet. Diese Unterschiede sind bei grenzüberschreitenden Fernabsatzverträgen von Bedeutung, denn je nach Sachverhalt kann entweder das Recht des Anbieterlandes oder das des Verbraucherlandes zur Anwendung kommen. Dadurch können sich beispielsweise andere Fristen beim Widerruf ergeben, die Anbieter bzw. Verbraucher beachten müssen.

Das Ziel dieser Arbeit ist es daher, die Unterschiede zwischen der deutschen und der polnischen Umsetzungen der Fernabsatzrichtlinie herauszuarbeiten und miteinander zu vergleichen.[4] In diesem Zusammenhang wird auch die Umsetzung eines Teils der Richtlinie 2000/31/EG vom 08.06.2000[5] über bestimmte rechtliche Aspekte der Dienste der Informationsgesellschaft, insb. des elektronischen Geschäftsverkehrs im Binnenmarkt (E-Commerce-Richtlinie) in den beiden Ländern erläutert und verglichen, da sich aus diesen Regelungen zusätzliche Pflichten eines Unternehmers beim Abschluss von Fernabsatzverträgen ergeben können. Die Umsetzung der Richtlinie 2002/65/EG vom 23.11.2002[6] über den Fernabsatz von Finanzdienstleistungen an Verbraucher, die in Deutschland in das Fernabsatzgesetz integriert wurde, wird in dieser Arbeit nur behandelt, wenn sie Auswirkungen auf Fernabsatzverträge hat, die nicht ausschließlich Finanzdienstleistungen betreffen.[7]

Insgesamt soll also ein Überblick über die jeweiligen Umsetzungen gewährt werden. Einzelne spezielle Fragen und Problematiken sowie die Frage, wann welches Recht zur Anwendung kommt, würden den Rahmen dieser Arbeit sprengen und werden daher hier nicht näher behandelt.

---

3 ABl. EG Nr. L 144 vom 04.06.1997, S.19 ff.

4 Dabei wird auf die einzelnen Probleme beispielsweise bzgl. der richtlinienkonformen Umsetzung nicht vertieft eingegangen.

5 ABl. EG Nr. L 178 vom 17.07.2000, S.1 ff.

6 ABl. Nr. L 271 vom 09.10.2002, S.16 ff.

7 Vgl. hierzu aber: *Mohrhauser*, Der Fernabsatz von Finanzdienstleistungen an Verbraucher.

2. Teil: Die Fernabsatzrichtlinie und ihre Umsetzung

I. Die Fernabsatzrichtlinie

1. Geschichte der Fernabsatzrichtlinie

Bereits Mitte der 1980er Jahre wurde vom europäischen Gesetzgeber die steigende Bedeutung des Versandhandels erkannt.[8]

Im April 1992 legte die Kommission der EU einen Entwurf für eine Richtlinie des Rates über den Verbraucherschutz bei Vertragsabschlüssen im Fernabsatz vor.[9] Die Stellungnahme des Wirtschafts- und Sozialausschusses zu diesem Vorschlag enthielt erhebliche Kritik.[10] Auch das EU-Parlament schlug – trotz einer grundsätzlich positiven Stellungnahme – einige Änderungen vor.[11] Die Kommission legte daraufhin im Oktober 1993 einen überarbeiteten Richtlinienvorschlag vor.[12]

Im Juni 1995 wurde vom Rat ein gemeinsamer Standpunkt festgelegt.[13] Dieser wurde dem EU-Parlament zugeleitet, das erneut einige Änderungsvorschläge vorbrachte.[14] Da die Kommission diese nur teilweise übernahm, wurde als Folge am 01.10.1996 ein Vermittlungsausschuss einberufen, der bereits im November 1996 einen Beschluss fällte. Die Zustimmung des EU-Parlaments und des Rates zu diesem Beschluss erfolgte im Januar 1997 und die Fernabsatzrichtlinie konnte am 20.05.1997 verabschiedet werden.[15] Sie trat am 04.06.1997 in Kraft und musste binnen drei Jahren – also bis zum 04.06.2000 – von den Mitgliedsstaaten umgesetzt werden.[16]

---

8 So übermittelte die europäische Kommission am 04.07.1985 eine Mitteilung an den Rat der EU mit dem Titel „Neuer Impuls für die Politik zum Schutz der Verbraucher" (KOM (85) 314 endg. vom 23.07.1985). Darin kündigte die Kommission an, dass sie Vorschläge zur Verwendung neuer Informationstechnologien unterbreiten wird, die es Verbrauchern ermöglichen, Bestellungen an einen Lieferer von zu Hause aus zu tätigen. Der Rat, der diese Mitteilung am 23.06.1986 billigte (ABl. EG Nr. C 167 vom 05.07.1985, S.1 ff.), forderte die Kommission dazu auf, Vorschläge zur Umsetzung der Mitteilung in Rechtsakte zu unterbreiten. Diese würden dann vom Rat unter Beachtung des Ziels, Verbraucherinteressen im Rahmen der Vollendung des Binnenmarktes zu schützen, Berücksichtigung finden. In der Entschließung des Rates vom 09.11.1989 über künftige Prioritäten bei der Neubelebung der Verbraucherschutzpolitik (ABl. EG Nr. C 294 vom 22.11.1989, S.1 ff.) forderte der Rat die Kommission auf, ihre Bemühungen auf bestimmte Bereiche, wie die neuen Technologien, die den Fernabsatz ermöglichen, zu konzentrieren. Die Kommission legte daraufhin einen „Dreijahresplan für die Verbraucherpolitik in der EWG (1990-1992)" vor (KOM (90) 98 endg. vom 03.05.1990), der u.a. den Vorschlag zur Verabschiedung einer Fernabsatzrichtlinie enthielt.

9 KOM (92) 11 endg. vom 20.05.1992, ABl. EG Nr. C 156 vom 23.06.1992, S.14 ff.

10 ABl. EG Nr. C 19 vom 25.01.1993, S.111 ff.

11 ABl. EG Nr. C 176 vom 28.06.1993, S.85 ff.

12 KOM (93) 396 endg. vom 07.10.1993, ABl. EG Nr. C 308 vom 15.11.1993, S.18 ff.

13 ABl. EG Nr. C 288 vom 30.10.1995, S.1 ff.

14 ABl. EG Nr. C 17 vom 22.01.1996, S.51 ff.

15 ABl. EG Nr. L 144 vom 04.06.1997, S.19 ff.

16 Zur Entstehungsgeschichte der Fernabsatzrichtlinie siehe auch: Staudinger/*Thüsing* (2005), Vorbem. zu §§ 312b-f Rn.13 f.; *Meents*, Verbraucherschutz bei Rechtsgeschäften im Internet, S.173 ff.; *Aigner/Hofmann*, Fernabsatzrecht im Internet, Rn.2; *Dilger*, Verbraucherschutz bei Vertragsabschlüssen im Internet, S.59 ff.; für einen chronologischen Überblick über die Etappen des Erlasses der Fernabsatzrichtlinie siehe auch: http://europa.eu.int/prelex/detail_dossier_real.cfm?CL=de&DosId=20110, recherchiert am 04.12.2005.

Nach Erlass der Fernabsatzrichtlinie erfolgten Änderungen,[17] die im Zusammenhang mit der Einführung der Richtlinie 2002/65/EG vom 23.09.2002[18] über den Fernabsatz von Finanzdienstleistungen an Verbraucher standen. Eine weitere Änderung wurde im Zuge der Einführung der Richtlinie 2005/29/EG vom 11.05.2005[19] über unlautere Geschäftspraktiken im binnenmarktinternen Geschäftsverkehr zwischen Unternehmen und Verbraucher vorgenommen.

2. Schutzzweck der Fernabsatzrichtlinie

Der Schutzzweck einer Richtlinie ist für die richtlinienkonforme Auslegung der jeweiligen nationalen Normen wichtig. Im Falle der Fernabsatzrichtlinie, die gem. Art.14 FARL nur ein Mindestschutzniveau festlegt, dienen die Intentionen der EU auch als Parameter im Hinblick auf die Frage der Berechtigung von höheren Schutzniveaus.[20]

Die Fernabsatzrichtlinie sorgt in erster Linie für die Verwirklichung der Ziele des Binnenmarktes.[21] Diese sind für den Verbraucher insb. im grenzüberschreitenden Fernabsatz ersichtlich, denn es ist „für das reibungslose Funktionieren des Binnenmarkts unabdingbar, daß der Verbraucher sich an ein Unternehmen außerhalb seines Landes wenden kann, auch wenn dieses Unternehmen über eine Filiale in dem Land verfügt, in dem der Verbraucher lebt"[22]. Da bereits einige Mitgliedsstaaten eigene Verbraucherschutzbestimmungen für den Fernabsatz erlassen hatten, war eine Vereinheitlichung des Verbraucherschutzes bei Fernabsatzvorschriften nötig, um die negativen Auswirkungen, die diese Vielzahl von Regelungen auf den Wettbewerb zwischen den Unternehmern im Binnenmarkt hat, zu verhindern.[23]

Dem europäischen Gesetzgeber zufolge ergibt sich im Fernabsatz eine besondere Schutzbedürftigkeit des Verbrauchers u.a. aus der „Unsichtbarkeit der Vertragspartner und des Produkts"[24], was durch die Vergänglichkeit der durch Einsatz neuer Technologien übermittelten Informationen verstärkt wird.[25] Zusätzlich soll die Privatsphäre des Verbrauchers vor Belästigung durch gewisse besonders aufdringliche Kommunikationstechniken,[26] vor Forderungen nach Zahlung einer nicht bestellten Ware und vor aggressiven Verkaufsmethoden geschützt werden.[27]

3. Inhalt der Fernabsatzrichtlinie

Der Anwendungsbereich der Fernabsatzrichtlinie wird in den Artt.1 bis 3 FARL festgelegt. Um den Schutz des Verbrauchers zu gewährleisten, bedient sich der europäische Gesetzgeber zweier wesentlicher Instrumente: der Informationspflichten des Lieferers sowie des Widerrufsrechts des Verbrauchers. Diese wurden in den Artt.4 und 5 FARL bzw. in Art.6 FARL geregelt.

---

17 http://europa.eu.int/smartapi/cgi/sga_doc?smartapi!celexapi!prod!CELEXnumdoc&lg=DE&numdoc= 31997L0007&model=guicheti, recherchiert am 05.10.2005.

18 ABl. Nr. L 271 vom 09.10.2002, S.16 f.

19 ABl. Nr. L 149 vom 11.06.2005, S.22 f.

20 *Aigner/Hofmann*, Fernabsatzrecht im Internet, Rn.3; *Meub*, Fernabsatz und E-Commerce nach neuem Recht, DB 2002, S.359.

21 Erwägungsgrund (1) FARL.

22 Erwägungsgrund (3) FARL.

23 Erwägungsgrund (4) FARL.

24 *Martinek*, Verbraucherschutz im Fernabsatz, NJW 1998, S.207.

25 Erwägungsgrund (13) FARL.

26 Erwägungsgrund (14) FARL.

27 Erwägungsgrund (5) FARL.

Daneben wurden noch weitere Vorschriften zum Schutz des Verbrauchers erlassen, die mit Fernabsatzverträgen bzw. mit der Anwendung von Fernkommunikationstechniken im Zusammenhang stehen.

3.1 Anwendungsbereich der Fernabsatzrichtlinie

Der Anwendungsbereich der Richtlinie ist in den Artt.1 bis 3 FARL geregelt. Gegenstand ist gem. Art.1 FARL die Angleichung der Rechts- und Verwaltungsvorschriften über Vertragsabschlüsse im Fernabsatz zwischen Verbrauchern und Lieferern. Unter einem Fernabsatzvertrag ist gem. Art.2 Nr.1 FARL jeder zwischen einem Verbraucher und einem Lieferer geschlossene Vertrag zu verstehen, der eine Ware oder eine Dienstleistung betrifft und der im Rahmen eines für den Fernabsatz organisierten Vertriebs- bzw. Dienstleistungssystems des Lieferers geschlossen wird. Dabei verwendet der Lieferer für die Vertragsanbahnung bis einschließlich des Abschlusses des Fernabsatzvertrages selbst ausschließlich eine oder mehrere Fernkommunikationstechniken.

Bezüglich des Zustandekommens des Fernabsatzvertrages mittels Angebot und Annahme hat die Fernabsatzrichtlinie jedoch keine Regelungen getroffen, so dass die jeweiligen nationalen Vorschriften zur Anwendung kommen.

3.1.1 Persönlicher Anwendungsbereich

Die Richtlinie ist nur auf Verträge zwischen einem Verbraucher und einem Lieferer anwendbar. Diese Begriffe werden in Art.2 FARL legaldefiniert. Danach handelt es sich bei einem Verbraucher gem. Art.2 Nr.2 FARL um eine natürliche Person, die beim Abschluss von Verträgen im Sinne dieser Richtlinie zu Zwecken handelt, die nicht ihrer gewerblichen oder beruflichen Tätigkeit zugerechnet werden können.[28] Somit fallen juristische Personen, Landwirte und Freiberufler nicht unter diesen Verbraucherbegriff.[29] Es ist jedoch unklar, wie Verträge mit einem gemischten beruflichen und privaten Zweck behandelt werden sollen.[30]

Ein Lieferer ist gem. Art.2 Nr.3 FARL jede natürliche oder juristische Person, die beim Abschluss von Verträgen im Sinne dieser Richtlinie im Rahmen ihrer gewerblichen oder beruflichen Tätigkeit handelt. Lieferer haben also – im Gegensatz zum Verbraucher – eine umfangreiche Markterfahrung, da sie selbstständig wirtschaftliche Entscheidungen treffen und es gewohnt sind, Verantwortung zu tragen. Daher bedürfen sie auch nicht des Schutzes der Fernabsatzrichtlinie.[31] Ob jedoch gemeinnützige Organisationen unter den Lieferbegriff der Fernabsatzrichtlinie fallen, ist unklar.[32]

---

[28] Siehe dazu auch: MünchKommBGB/*Micklitz* Bd.1, § 13 Rn.3 ff.

[29] *Seiler*, Verbraucherschutz auf elektronischen Märkten, S.313.

[30] *Schulte-Nölke/Börger*, Fernabsatzrichtlinie (97/7), S.526, 536. Siehe dazu auch: *Ebers*, Der Begriff des „Verbrauchers", S.748 ff.

[31] *Meents*, Verbraucherschutz bei Rechtsgeschäften im Internet, S.177; *Rünz*, Verbraucherschutz im Fernabsatz, S.6; siehe dazu auch: MünchKommBGB/*Micklitz* Bd.1, Vorbem. §§ 13, 14 BGB Rn.94.

[32] *Schulte-Nölke/Börger*, Fernabsatzrichtlinie (97/7), S.526, 528. Siehe dazu auch: *Ebers*, Der Begriff des „Unternehmers", S.768 ff.

3.1.2 Sachlicher Anwendungsbereich

Voraussetzungen für einen Vertragsabschluss im Fernabsatz sind einerseits die besondere Art und Weise des Zustandekommens und andererseits die durch die Richtlinie festgelegten möglichen Vertragsinhalte.[33]

3.1.2.1 Gegenstand des Vertrages

Gegenstand von Fernabsatzverträgen kann gem. Art.2 Nr.1 FARL die Lieferung von Waren oder die Erbringung von Dienstleistungen sein. Waren sind alle beweglichen Güter, die einen Geldwert haben und Gegenstand von Handelsgeschäften sein können.[34] Unter dem Begriff Dienstleistung ist alles zu verstehen, was weder dem Bereich des freien Waren- und Kapitalverkehrs noch der Niederlassungsfreiheit zugeordnet werden kann. Unter den gemeinschaftsrechtlichen Dienstleistungsbegriff fallen daher auch Geschäftsbesorgungs- und Werkverträge.[35]

3.1.2.2 Ausschließliche Verwendung von Fernkommunikationstechniken

Der Begriff Verwendung bezeichnet „den bewußten Einsatz der Fernkommunikationstechniken mit dem Ziel, Vertragsabschlüsse mit dem Verbraucher herbeizuführen“[36]. Fernkommunikationstechniken wiederum sind gem. Art.2 Nr.4 FARL jegliche Kommunikationsmittel, die zum Abschluss eines Vertrags ohne gleichzeitige körperliche Anwesenheit der Vertragsparteien eingesetzt werden können. Dabei kommen sowohl traditionelle Vertriebsmöglichkeiten wie der Katalog- oder der Versandhandel als auch moderne Telekommunikationsmittel, mit denen Distanzgeschäfte ausgeführt werden können, wie beispielsweise das Internet in Betracht.[37]

Außerdem muss ein Vertrag im Fernabsatz ausschließlich, d.h. von der Vertragsanbahnung bis hin zum Vertragsabschluss, durch den Einsatz von einem oder mehreren unterschiedlichen Fernkommunikationsmitteln zustande kommen. Sobald aber eine Form des Direktmarketing verwendet wird, also ein direkter persönlicher Kontakt der Vertragsparteien stattfindet, wird die Fernabsatzrichtlinie nicht angewendet.[38] In Anlage I der Fernabsatzrichtlinie werden in einer nicht abschließenden Aufzählung als Fernkommunikationstechniken u.a. der Hörfunk, das Fernsehen und die elektronische Post aufgeführt.[39]

3.1.2.3 Für den Fernabsatz organisiertes Vertriebs- und Dienstleistungssystem

Nur wenn der Lieferer die Ware bzw. die Dienstleistung durch die Verwendung eines gezielt auf den Fernabsatz organisierten Systems absetzt, werden die Regelungen der Fernabsatzrichtlinie angewendet. Mit dieser Voraussetzung soll sichergestellt werden, dass die umfangreichen Informationspflichten und das Widerrufsrecht nur diejenigen Lieferer betrifft, die sich die Vorteile des Fernabsatzes systematisch zu-

---

[33] *Meents*, Verbraucherschutz bei Rechtsgeschäften im Internet, S.182.
[34] *Rünz*, Verbraucherschutz im Fernabsatz, S.10.
[35] *Rünz*, Verbraucherschutz im Fernabsatz, S.10; Staudinger/*Thüsing* (2005), § 312b Rn.13.
[36] *Micklitz/Reich*, Europäisches Verbraucherrecht, S.580.
[37] *Dilger*, Verbraucherschutz bei Vertragsabschlüssen im Internet, S.67.
[38] *Micklitz/Reich*, Europäisches Verbraucherrecht, S.577.
[39] Erwägungsgrund (9) FARL.

nutze machen und nicht nur gelegentlich Geschäfte im Fernabsatz tätigen.[40] Was jedoch unter einem für den Fernabsatz organisierten Vertriebs- und Dienstleistungssystem zu verstehen ist, ist in der Fernabsatzrichtlinie nicht ausreichend bestimmt. Es ist aber davon auszugehen, dass ein solches System dann vorliegt, wenn der Lieferer innerhalb seines Betriebes die dazu benötigten organisatorischen Voraussetzungen in personeller und sachlicher Ausstattung geschaffen hat.[41] Das Vorliegen eines solchen Systems ist aber in den Fällen zu verneinen, in denen eine Ware nur ausnahmsweise durch Einsatz von Fernkommunikationsmitteln bestellt und dann versendet wird.[42]

Im Streitfall muss der Verbraucher beweisen, dass ein für den Fernabsatz organisiertes Vertriebs- und Dienstleistungssystem besteht. Ob sich der Lieferer dabei den Anschein eines organisierten Fernabsatzsystems zurechnen lassen muss, ist strittig.[43]

3.1.2.4 Ausschlusstatbestände

Trotz eines Vertragsabschlusses im Fernabsatz soll der Verbraucher in einer in Art.3 FARL aufgezählten Reihe von Ausnahmen keinen Schutz nach dieser Richtlinie erhalten. So sieht Art.3 Abs.1 FARL Totalausnahmen vor für:

- Verträge, die Finanzdienstleistungen betreffen,[44]
- Verträge im Automatenvertrieb,
- Verträge mit privaten oder öffentlichen Telekommunikationsunternehmen unter Benutzung öffentlicher Fernsprecher,
- Verträge über den Immobilienerwerb mit Ausnahme der Vermietung,
- Verträge, die bei einer Versteigerung geschlossen werden.

Von den Regelungen über die Verbraucherinformation (Art.4 und 5 FARL), über das Widerrufsrecht (Art.6 FARL) und über die Ausführungsfrist von Bestellungen (Art.7 Abs.1 FARL) ausgenommen sind nach Art.3 Abs.2 FARL:

- Geschäfte am Wohn- oder Arbeitsort über Haushaltsgegenstände des täglichen Bedarfs wie Lebensmittel und Getränke zwischen Verbrauchern und „fahrenden“ Händlern,
- Fixgeschäfte über Unterbringung, Beförderung[45], Lieferung von Speisen und Getränken und über die Freizeitgestaltung.[46]

---

[40] *Runz*, Verbraucherschutz im Fernabsatz, S.13; so im Ergebnis auch: *Meents*, Verbraucherschutz bei Rechtsgeschäften im Internet, S.184; *Dilger*, Verbraucherschutz bei Vertragsabschlüssen im Internet, S.70.

[41] *Micklitz/Reich*, Europäisches Verbraucherrecht, S.578; *Dilger*, Verbraucherschutz bei Vertragsabschlüssen im Internet, S.69.

[42] *Meents*, Verbraucherschutz bei Rechtsgeschäften im Internet, S.185; *Dilger*, Verbraucherschutz bei Vertragsabschlüssen im Internet, S.69; *Micklitz/Reich*, Europäisches Verbraucherrecht, S.578.

[43] *Micklitz/Reich*, Europäisches Verbraucherrecht, S.578; ebenso: *Dilger*, Verbraucherschutz bei Vertragsabschlüssen im Internet, S.69, der zufolge bei der Beurteilung der objektive Verbraucherhorizont maßgeblich ist; a.A.: *Meents*, Verbraucherschutz bei Rechtsgeschäften im Internet, S.185: Ihm zufolge hängt die Anwendung der Fernabsatzrichtlinie allein vom objektiven Einsatz eines Fernabsatzsystems ab.

[44] Für diese Verträge hat die EU mit der Richtlinie 2002/65/EG vom 23.11.2002 über den Fernabsatz von Finanzdienstleistungen an Verbraucher (ABl. Nr. L 271 vom 09.10.2002, S.16 ff.) spezielle Regelungen getroffen, die vom deutschen Gesetzgeber umgesetzt und in die §§ 312b ff. BGB integriert wurden.

[45] Nach Meinung des EuGH (Urteil des EuGH vom 10.03.2005, Rs.336/03, easy car, Slg.2005, S.I-01947, abgedruckt in NJW 2005, S.3055 ff.) ist der Ausdruck „Verträge über die Erbringung von

3.2 Die Informationspflichten

Problematisch beim Einsatz von Fernkommunikationsmitteln ist nicht nur, dass sie zu einem Informationsdefizit führen können[47] sondern auch, dass die übermittelten Informationen häufig nicht beständig sind.[48] Damit der Verbraucher beim Vertragsabschluss die notwendigen Informationen erhält, um eine eigenverantwortliche Entscheidung treffen zu können, wurde in den Artt.4 und 5 FARL sowohl der Inhalt als auch die Art und Weise der Informationsgewährung festgelegt. Dabei gewährt Art.4 FARL dem Verbraucher ein subjektives Recht auf Information, aus dem ein Anspruch nur entsteht, wenn eine Kontaktaufnahme erfolgt ist, während Art.5 FARL dem Verbraucher einen vertraglichen Anspruch auf Informationsbestätigung gibt.[49]

3.2.1 Vorvertragliche Informationspflichten

Einem Verbraucher müssen gem. Art.4 Abs.1 FARL folgende Informationen rechtzeitig vor Abschluss eines Vertrages zur Verfügung gestellt werden:

- die Identität des Lieferers; im Fall von Verträgen, bei denen eine Vorauszahlung erforderlich ist, seine Anschrift,[50]
- die wesentlichen Eigenschaften der Ware bzw. der Dienstleistung,
- deren Preis einschließlich aller Steuern,
- gegebenenfalls Lieferkosten,
- die Einzelheiten hinsichtlich der Zahlung und der Lieferung bzw. Erfüllung,
- das Bestehen eines Widerrufsrechts, außer in den in Art.6 Abs.3 FARL genannten Fällen,
- die Kosten der Fernkommunikationstechnik, sofern sie nicht nach dem Grundtarif berechnet werden,
- die Gültigkeit des Angebots bzw. des Preises,
- gegebenenfalls die Mindestlaufzeit des Vertrags über die Lieferung von Waren oder Erbringung von Dienstleistungen, wenn dieser eine dauernde oder regelmäßig wiederkehrende Leistung zum Inhalt hat.

Damit wird der Verbraucher nicht nur über die *essentialia negotii* sondern auch über seine Rechte, insb. über sein Widerrufsrecht informiert.[51] Was aber genau unter dem Begriff rechtzeitig zu verstehen ist, wird in der Fernabsatzrichtlinie nicht näher erläutert.[52] Es ist jedoch davon auszugehen, dass der Verbraucher genügend Zeit haben

---

Dienstleistungen im Bereich Beförderung" so auszulegen, dass die Gesamtheit der Verträge erfasst wird, die Dienstleistungen im Bereich Beförderung regeln. Folglich sind nicht nur Tätigkeiten betroffen, die als solche in der Beförderung des Kunden oder seiner Waren bestehen, sondern auch solche, die darauf gerichtet sind, dem Kunden die Durchführung dieser Beförderung zu ermöglichen. Dieser Begriff umfasst somit Automietverträge, die dadurch gekennzeichnet sind, dass dem Verbraucher ein Beförderungsmittel zur Verfügung gestellt wird.

46 Ausführlicher zu den Ausschlusstatbeständen siehe auch: *Meents*, Verbraucherschutz bei Rechtsgeschäften im Internet, S.208 ff.; *Micklitz/Reich*, Europäisches Verbraucherrecht, S.580 ff.

47 Erwägungsgrund (11) FARL.

48 Erwägungsgrund (13) FARL.

49 *Micklitz/Reich*, Europäisches Verbraucherrecht, S.584.

50 Laut *Micklitz/Reich*, Europäisches Verbraucherrecht, S.585, ist bei Verträgen im Internet diese Regelung dysfunktional, weil die fehlende Anschrift den Verbraucher vom Geschäftsabschluss abhalten kann; ebenso: *Meents*, Verbraucherschutz bei Rechtsgeschäften im Internet, S.194.

51 *Meents*, Verbraucherschutz bei Rechtsgeschäften im Internet, S.188; *Dilger*, Verbraucherschutz bei Vertragsabschlüssen im Internet, S.74.

52 *Schulte-Nölke/Börger*, Fernabsatzrichtlinie (97/7), S.526, 528.

muss, um sich ein Bild von dem Produkt bzw. der Dienstleistung zu machen und um diese Informationen in seine Entscheidung über den Vertragsabschluss einfließen lassen zu können.[53] „Verfügen" bedeutet in diesem Zusammenhang, dass der Verbraucher wissen muss, dass die Informationen existieren und wo er sie schriftlich oder mündlich abrufen kann.[54]

Die in Art.4 Abs.1 FARL aufgezählten Informationen müssen gem. Art.4 Abs.2 FARL klar und verständlich mitgeteilt werden. Auch hat der kommerzielle Zweck eindeutig erkennbar zu sein. Dieses Transparenzgebot richtet sich dabei nach den Möglichkeiten des eingesetzten Fernkommunikationsmittels. Außerdem muss bei Telefongesprächen gem. Art.4 Abs.3 FARL die Identität des Lieferers und der kommerzielle Zweck des Gesprächs am Anfang des Telefonats klargestellt werden, wobei die Erkennbarkeit aus Sicht des objektiven Empfängerhorizonts beurteilt wird.[55]

Bezüglich der Verständlichkeit der Information stellt sich – insb. bei Vertragsabschlüssen im Internet – die Frage, welche Sprachen der Lieferer verwenden muss, um dieses Erfordernis zu erfüllen. Dieses Problem haben jedoch gem. Erwägungsgrund (8) FARL die Mitgliedsstaaten zu lösen, da es in ihre Zuständigkeit fällt festzulegen, welche Sprachen bei Vertragsabschlüssen im Fernabsatz zu verwenden sind.

3.2.2 Vertragliche Informationspflichten

Nach Art.5 FARL müssen die in Art.4 Abs.1 lit.a bis f FARL aufgeführten Informationen dem Verbraucher schriftlich oder auf einem dauerhaften Datenträger bestätigt werden. Der Begriff des dauerhaften Datenträgers wird dabei in der Fernabsatzrichtlinie nicht näher erläutert. Die Verwendung eines solchen Datenträgers soll aber die Informationen beständig machen.[56]

Diese Bestätigung der Informationen soll gem. Art.5 Abs.1 FARL rechtzeitig während der Erfüllung, bei nicht zur Lieferung an Dritte bestimmten Waren spätestens bei der Lieferung erfolgen. Natürlich kann der Verbraucher die Informationen auch früher, z.B. vor Vertragsschluss, erhalten.

Folgende Informationen sind gem. Art.5 Abs.1 S.2 FARL „auf jeden Fall"[57] zu übermitteln:

- Informationen über die Bedingungen und Einzelheiten der Ausübung des Widerrufsrechts im Sinne des Art.6 FARL, einschließlich der in Art.6 Abs.3 SpStr.1 FARL genannten Fälle,
- die geographische Anschrift der Niederlassung des Lieferers, bei der der Verbraucher seine Beanstandungen vorbringen kann,
- Informationen über Kundendienst und geltende Garantiebedingungen,
- die Kündigungsbedingungen bei unbestimmter Vertragsdauer bzw. einer mehr als einjährigen Vertragsdauer.

---

[53] *Micklitz/Reich*, Europäisches Verbraucherrecht, S.588; *Dilger*, Verbraucherschutz bei Vertragsabschlüssen im Internet, S.76.

[54] *Ränz*, Verbraucherschutz im Fernabsatz, S.52.

[55] *Dilger*, Verbraucherschutz bei Vertragsabschlüssen im Internet, S.77.

[56] Erwägungsgrund (13) FARL.

[57] Was der europäische Gesetzgeber mit „auf jeden Fall" genau meint, ist unklar. Laut *Micklitz/Reich*, Europäisches Verbraucherrecht, S.584, muss ein Lieferer die in Art.5 Abs.1 SpStr.1-4 FARL aufgeführten Informationen nach Abschluss des Vertrages unabhängig davon, ob er sie dem Verbraucher schon vorab übermittelt hat, übermitteln.

Dem Verbraucher müssen somit nach dem Vertragsabschluss detailliertere Informationen gewährt werden, als vor dem Abschluss. Er muss beispielsweise nicht nur darüber informiert werden, dass er ein Widerrufsrecht hat, sondern auch über die Bedingungen und Einzelheiten von dessen Ausübung.[58]

3.2.3 Ausnahme von der Bestätigung der Informationen

In Art.5 Abs.2 FARL wird von der verkörperten Übermittlung der Informationen abgesehen, wenn es sich um eine einmalige Dienstleistung handelt, die unmittelbar durch den Einsatz einer Fernkommunikationstechnik erbracht und über den Betreiber der Fernkommunikationstechnik abgerechnet wird. Der Verbraucher muss dabei aber die Möglichkeit haben, die Anschrift des Lieferers zu erfahren, an die er Beanstandungen richten kann.

Diese Ausnahme bezieht sich auf bestimmte Online-Geschäfte wie beispielsweise auf die Erteilung von Auskünften oder auf kostenpflichtige Online-Recherchen in Datenbanken, wo eine Verzögerung des elektronischen Rechtsverkehrs befürchtet wurde.[59]

3.2.4 Rechtsfolgen

An die Nichteinhaltung der Informationspflichten gem. Art.4 FARL sind in der Fernabsatzrichtlinie keine Rechtsfolgen geknüpft. Fehlt aber eine verkörperte Bestätigung der Informationen gem. Art.5 FARL, so verlängert sich die Widerrufsfrist gem. Art.6 Abs.1 FARL auf drei Monate.

3.3 Widerrufsrecht

Das Widerrufsrecht in Art.6 FARL stellt einen zentralen Punkt der Fernabsatzrichtlinie dar. Es soll den Nachteil ausgleichen, der dadurch entsteht, dass ein Verbraucher bei Fernabsatzgeschäften keine Möglichkeit hat, vor Abschluss des Vertrages eine Ware zu sehen, oder die Eigenschaften der Dienstleistung im Einzelnen zur Kenntnis zu nehmen und somit das Produkt auch nicht prüfen kann.[60] Bei der Umsetzung des Widerrufsrechts hatten die Mitgliedsstaaten einen weiten Spielraum, da in der Fernabsatzrichtlinie nur einzelne Bestandteile geregelt werden. So sind u.a. weder die formellen Anforderung des Widerrufs, noch die Frage, wann der Widerruf rechtzeitig erfolgt, in der Fernabsatzrichtlinie festgelegt. Auch die Regelung der Sukzessivverträge bleibt den Mitgliedsstaaten überlassen.[61]

3.3.1 Ausübung des Widerrufsrechts

Das Widerrufsrecht ist der Sache nach ein Rücktritts- bzw. Kündigungsrecht und setzt für seine Ausübung einen abgeschlossenen Vertrag voraus.[62] Die Ausübung des Widerrufsrechts darf außerdem nicht mit einer Strafzahlung verbunden sein. Darunter sind sowohl Vertragsstrafen als auch pauschalisierte Schadensersatzan-

---

58 *Dilger*, Verbraucherschutz bei Vertragsabschlüssen im Internet, S.80 f.

59 *Meents*, Verbraucherschutz bei Rechtsgeschäften im Internet, S.198.

60 Erwägungsgrund (14) FARL.

61 Erwägungsgrund (10) FARL.

62 *Micklitz/Reich*, Europäisches Verbraucherrecht, S.591.

sprüche zu verstehen.[63] Strittig jedoch ist, ob unter dem Begriff Strafzahlung auch Nutzungsentschädigungen erfasst werden.[64]

3.3.1.1 Widerrufserklärung

Der Widerruf bedarf gem. Art.6 Abs.1 FARL keiner Begründung. In welcher Form er erfolgen soll, ist in der Fernabsatzrichtlinie ebenso wenig geregelt, wie die Frage, wie die Frist gewahrt wird.[65] Diese Elemente müssen von den Mitgliedsstaaten geregelt werden, wobei der Schutzzweck der Fernabsatzrichtlinie bzw. des Widerrufes berücksichtigt werden muss.

3.3.1.2 Dauer der Widerrufsfrist

Gem. Art.6 Abs.1 FARL kann ein Verbraucher jeden Vertragsschluss im Fernabsatz innerhalb von mindestens sieben Werktagen ohne Angabe von Gründen widerrufen. Die Regelung der Widerrufsfrist in Werktagen wird jedoch in der Literatur kritisiert, da in den einzelnen Mitgliedsstaaten der Begriff Werktag unterschiedlich verstanden wird und dies Schwierigkeiten bei der Umsetzung in nationales Recht zur Folge haben kann.[66]

3.3.1.3 Beginn der Widerrufsfrist

Sofern dem Verbraucher die Informationen entsprechend Art.5 FARL übermittelt worden sind, beginnt die Widerrufsfrist bei Waren mit dem Tag ihres Eingangs beim Verbraucher, bei Dienstleistungen mit dem Tag des Vertragsschlusses.

3.3.1.4 Ende der Widerrufsfrist

Erhält der Verbraucher nicht die in Art.5 FARL vorgeschriebenen schriftlichen oder auf einem dauerhaften Datenträger verfügbaren Informationen einschließlich der Belehrung über das Widerrufsrecht, so beträgt die Widerrufsfrist drei Monate. Werden innerhalb dieser Dreimonatsfrist die Informationen gem. Art.5 FARL übermittelt, dann beginnt mit diesem Zeitpunkt die Widerrufsfrist von sieben Werktagen. Nach Meinungen in der Literatur handelt es sich bei dieser Frist von drei Monaten um eine Ausschlussfrist, d.h. sie endet nach drei Monaten und wird nicht beispielsweise durch

---

63 *Micklitz/Reich*, Europäisches Verbraucherrecht, S.595.

64 Laut *Micklitz/Reich*, Europäisches Verbraucherrecht, S.594 f., verbieten die Regelungen des Art.6 FARL, dass der Verbraucher mit einer Nutzungsentschädigung belastet werden kann; a.A.: *Meents*, Verbraucherschutz bei Rechtsgeschäften im Internet, S.204 f.; *Gößmann*, Electronic Commerce, MMR 1998, S.88, 91. *Pützhoven*, Europäischer Verbraucherschutz im Fernabsatz, S.82.

65 Es ist fraglich, ob zur Wahrung der Frist das Absenden der Willenserklärung ausreicht oder ob deren Zugang erforderlich ist.

66 *Meents*, Verbraucherschutz bei Rechtsgeschäften im Internet, S.235; *Dilger*, Verbraucherschutz bei Vertragsabschlüssen im Internet, S.101; *Micklitz/Reich*, Europäisches Verbraucherrecht, S.591; *Reich*, Die neue Richtlinie 97/7/EG, EuZW 1997, S.581, 585. Nach *Schulte-Nölke/Börger*, Fernabsatzrichtlinie (97/7), S.526, 586, ist diese Frage bereits geklärt, da in der Verordnung Nr.1182/71 des Rates vom 03.06.1971, ABl. EG Nr. L 124 vom 08.06.1971, S.1 f. zur Festlegung der Regeln für die Fristen, Daten und Termine in Art.2 Abs.2 der Verordnung als Arbeitstag alle Tage „außer Feiertagen, Sonntagen und Sonnabende[n]" festgelegt wurden.

die Erfüllung der Informationspflichten gem. Art.5 FARL am letzten Tag dieser Frist um sieben Werktage verlängert.[67]

3.3.1.5 Ausnahmen des Widerrufsrechts

Ein Widerrufsrecht nach Art.6 Abs.3 FARL steht dem Verbraucher nicht zu bei:

- Verträgen zur Erbringung von Dienstleistungen, deren Ausführung mit Zustimmung des Verbrauchers vor Ende der Frist von sieben Werktagen gemäß Art.6 Abs.1 FARL begonnen hat,
- Verträgen zur Lieferung von Waren oder Erbringung von Dienstleistungen, deren Preis von der Entwicklung der Sätze auf den Finanzmärkten, auf die der Lieferer keinen Einfluss hat, abhängt,
- Verträgen zur Lieferung von Waren, die nach Kundenspezifikation angefertigt werden oder eindeutig auf die persönlichen Bedürfnisse zugeschnitten sind,
- Verträgen zur Lieferung von Waren, die aufgrund ihrer Beschaffenheit nicht für eine Rücksendung geeignet sind oder schnell verderben können oder deren Verfallsdatum überschritten würde,
- Verträgen zur Lieferung von Audio- oder Videoaufzeichnungen oder Software, die vom Verbraucher entsiegelt worden sind,
- Verträgen zur Lieferung von Zeitungen, Zeitschriften und Illustrierten,
- Verträgen zur Erbringung von Wett- und Lotterie-Dienstleistungen.

Bei diesen Verträgen handelt es sich in der Regel um solche, bei denen eine Rückabwicklung entweder nicht möglich oder für den Lieferer unzumutbar wäre.

3.3.2 Rechtsfolgen des Widerrufs

Die Rechtsfolgen des Widerrufs sind nur unvollständig von der Fernabsatzrichtlinie geregelt worden. Art.6 Abs.2 FARL schreibt lediglich vor, dass der Lieferer die vom Verbraucher geleisteten Zahlungen spätestens binnen 30 Tagen kostenlos zu erstatten hat. Außerdem dürfen dem Verbraucher vom Lieferer nur die unmittelbaren Kosten der Rücksendung der Waren auferlegt werden. Die weitere Gestaltung der Rechtsfolgen hat der europäische Gesetzgeber den Mitgliedsstaaten überlassen.[68] Dies birgt einerseits den Vorteil, dass die Mitgliedsstaaten Regelungen vorsehen können, die in die jeweilige Systematik des Rechtssystems passen,[69] andererseits kann es zu recht unterschiedlichen Regelungen des Widerrufs in den einzelnen Mitgliedsstaaten kommen.

3.3.3 Verbundene Verträge

In Art.6 Abs.4 FARL werden die Mitgliedsstaaten weiterhin verpflichtet, Regelungen zu erlassen, die bewirken, dass bei einem Widerruf eines durch einen Kredit finanzierten Fernabsatzvertrages nicht nur dieser Fernabsatzvertrag selbst, sondern auch der zu dessen Finanzierung abgeschlossene Kreditvertrag entschädigungsfrei aufgelöst werden kann. Dieser zur Finanzierung des Fernabsatzvertrags gewährte Kredit kann dem Verbraucher dabei vom Lieferer selbst oder aufgrund einer Vereinbarung zwischen dem Lieferer und einem Dritten gewährt worden sein. Fraglich ist, was un-

---

[67] *Micklitz/Reich*, Europäisches Verbraucherrecht, S.593 f.; *Martinek*, Verbraucherschutz im Fernabsatz, NJW 1998, S.207, 208; *Schulte-Nölke/Börger*, Fernabsatzrichtlinie (97/7), S.526, 571 f. betrachten das zumindest als die plausiblere Alternative.

[68] Erwägungsgrund (14) FARL.

[69] *Dilger*, Verbraucherschutz bei Vertragsabschlüssen im Internet, S.103.

ter einer entschädigungsfreien Auflösung zu verstehen ist. Dies und weitere Einzelheiten der Auflösung sind von den Mitgliedsstaaten festzulegen.[70]

3.4 Weitere verbraucherschützende Maßnahmen

Neben den Informationspflichten und dem Widerrufsrecht beinhaltet die Fernabsatzrichtlinie weitere verbraucherschützende Vorschriften, die mit Fernabsatzverträgen bzw. mit der Anwendung von Fernkommunikationstechniken im Zusammenhang stehen. Dabei handelt es sich um Regelungen bzgl. der Durchführung des Fernabsatzvertrages (Art.7 FARL), Zahlung mittels Karte (Art.8 FARL), unbestellter Waren oder Dienstleistungen (Art.9 FARL) sowie Beschränkungen bei der Verwendung bestimmter Kommunikationstechniken (Art.10 FARL).

3.4.1 Vertragsdurchführung

3.4.1.1 Erfüllungspflicht

Ein Fernabsatzvertrag ist, sofern die Vertragsparteien nichts Anderweitiges vereinbart haben, nach Art.7 Abs.1 FARL spätestens 30 Tage ab der Bestellung des Verbrauchers auszuführen. Diese Frist beginnt mit dem Tag, an dem der Verbraucher seine Bestellung übermittelt. Wann diese Übermittlung stattgefunden hat, ergibt sich aus den jeweiligen nationalen Vorschriften.[71] Auch die Rechtsfolgen eines Verstoßes gegen diese Erfüllungsfrist müssen von den Mitgliedsstaaten festgelegt werden, da sich in der Fernabsatzrichtlinie diesbezüglich keine Regelungen finden.

3.4.1.2 Nichtverfügbarkeit der Leistung

Falls die Erfüllung des Vertrages nicht möglich ist, da die bestellte Ware oder Dienstleistung nicht verfügbar ist, so hat der Lieferer den Verbraucher gem. Art.7 Abs.2 FARL darüber zu informieren. Weiterhin hat der Verbraucher die Möglichkeit, sich die bisher geleisteten Zahlungen binnen 30 Tagen erstatten zu lassen. Auch hier wurde von der Fernabsatzrichtlinie keine Rechtsfolge für einen Verstoß gegen diese Regelungen festgelegt.

3.4.1.3 Änderungsvorbehalt

Nach Art.7 Abs.3 FARL können die Mitgliedsstaaten vorsehen, dass sich der Lieferer vertraglich das Recht vorbehalten kann, im Falle der Nichtverfügbarkeit einer Leistung eine qualitätsmäßige und preislich gleichwertige Leistung zu erbringen. Der Verbraucher ist von solch einer Möglichkeit in klarer und verständlicher Weise, sowie von der kostenlosen Rücksendemöglichkeit in Folge seines Widerrufs zu unterrichten. In solch einem Falle liegt eine unbestellte Ware oder Dienstleistung im Sinne des Art.9 FARL nicht vor. Die Rechtsfolgen eines Verstoßes bleiben wiederum dem nationalen Recht vorbehalten.

3.4.2 Zahlung mittels Karte

Zahlungskarten wie beispielsweise Scheck- oder Kreditkarten sind aufgrund ihrer Beschaffenheit missbrauchsanfällig, da beim jeweiligen Zahlungsvorgang die Berechtigung des Inhabers entweder gar nicht oder nur über nicht völlig sichere techni-

[70] *Micklitz/Reich*, Europäisches Verbraucherrecht, S.597.
[71] *Micklitz/Reich*, Europäisches Verbraucherrecht, S.598 f.

sche Vorkehrungen wie die persönliche Geheimzahl nachgewiesen werden kann. Die Möglichkeit des Missbrauchs von gestohlenen oder verlorenen Karten ist bei Vertragsabschlüssen im Fernabsatz hoch, da dabei meistens die Verwendung einer Kreditkartennummer ohne Vorlage der Kreditkarte möglich ist. Daher haben die Mitgliedsstaaten nach Art.8 FARL Maßnahmen zu treffen, damit bei einer weisungswidrigen Verwendung einer Zahlungskarte im Fernabsatz diese Verwendung nicht zu Lasten des Verbrauchers geht. Auch sind in einem solchen Fall dem Verbraucher die Zahlungen zu erstatten bzw. gutzuschreiben. Bei der Umsetzung von Art.8 FARL wird den Mitgliedsstaaten ein weiter Umsetzungsspielraum eingeräumt.

3.4.3 Unbestellte Waren und Dienstleistungen

Die Fernabsatzrichtlinie hat neben der Regelung des Fernabsatzvertrages das Ziel, den Verbraucher vor bestimmten belästigenden und unlauteren Marketingmethoden zu schützen.[72] Daher sollen die Mitgliedsstaaten gem. Art.9 Abs.1 FARL Maßnahmen treffen, die es untersagen, dass Waren geliefert bzw. Dienstleistungen erbracht werden, die mit Zahlungsaufforderungen verbunden sind, aber vom Verbraucher vorher nicht bestellt wurden. Der Verbraucher soll dabei gem. Art.9 Abs.2 FARL von jedweder Gegenleistungspflicht befreit werden, wobei auch das Ausbleiben einer Reaktion nicht als Zustimmung gelten soll.

3.4.4 Beschränkung in der Verwendung bestimmter Fernkommunikationstechniken

In Art.10 FARL wird die Verwendung bestimmter Fernkommunikationstechniken beschränkt. Grund dafür ist das Recht des Verbrauchers auf Schutz des Privatlebens und somit auch auf Schutz vor Belästigungen durch besonders aufdringliche Kommunikationstechniken.[73] Daher dürfen gem. Art.10 Abs.1 FARL Sprachautomaten (Voice-Mail-Systeme) und Telefax zur Kontaktaufnahme mit dem Verbraucher nur mit dessen vorheriger Zustimmung eingesetzt werden (sog. opt-in-Lösung). Alle anderen individuellen Fernkommunikationstechniken wie beispielsweise elektronische Post oder Telefonwerbung sollen gem. Art.10 Abs.2 FARL nur dann nicht eingesetzt werden dürfen, wenn der Verbraucher ihre Verwendung offenkundig abgelehnt hat (Widerspruchslösung bzw. sog. opt-out-Lösung).

3.4.5 Rechtsbehelfe bei Gericht oder Verwaltungsbehörden

Nach Art.11 FARL sollen die Mitgliedsstaaten u.a. dafür Sorge tragen, dass bei Verstößen gegen die Regelungen der Fernabsatzrichtlinie Verbraucher- und andere Berufsverbände mit berechtigtem Interesse vor Gericht auf deren Einhaltung klagen können.

3.5 Unabdingbarkeit und das sog. Richtlinien-IPR

Weiterhin dürfen gem. Art.12 Abs.1 FARL die dem Verbraucher aus dieser Richtlinie zustehende Rechte vertraglich nicht abbedungen werden. Sie sind somit als partiell zwingendes Recht ausgestaltet.

Außerdem haben die Mitgliedsstaaten gem. Art.12 Abs.2 FARL die erforderlichen Maßnahmen zu ergreifen, damit der Verbraucher den durch diese Richtlinie gewähr-

---

72 Erwägungsgrund (5) FARL.

73 Erwägungsgrund (17) FARL.

ten Schutz nicht verliert, wenn das Recht eines Drittlands als das auf den Vertrag anzuwendende Recht gewählt wurde und der Vertrag einen engen Zusammenhang mit dem Gebiet eines oder mehrerer Mitgliedsstaaten aufweist. Da der Art.12 Abs.2 FARL kollisionsrechtliche Vorgaben enthält, die von den Mitgliedsstaaten in ihr jeweiliges IPR integriert werden müssen, wird eine solche Regelung auch als Richtlinien-IPR bezeichnet.[74]

3.6 Mindestschutzniveau

Schließlich können gem. Art.14 FARL die Mitgliedsstaaten strengere Bestimmungen als in der Richtlinie vorsehen, sofern diese ein höheres Schutzniveau für den Verbraucher sicherstellen.

II. Deutschland

1. Geschichte der Umsetzung der Fernabsatzrichtlinie in Deutschland

Die Fernabsatzrichtlinie wurde von der Bundesrepublik durch das „Gesetz über Fernabsatzverträge und andere Fragen des Verbraucherrechts sowie zur Umstellung von Vorschriften auf Euro“ vom 27.06.2000[75] mit einer leichten Verspätung[76] umgesetzt und trat am 30.06.2000 in Kraft.

Mit dem am 01.01.2002 in Kraft getretenen Schuldrechtsmodernisierungsgesetz[77] wurde das Fernabsatzgesetz ohne wesentliche inhaltliche Änderungen in das BGB integriert.[78]

Weitere Änderung erfolgten im Rahmen des OLG-Vertretungs-Änderungsgesetzes,[79] das zum 02.11.2002 in Kraft trat. Außerdem hat der deutsche Gesetzgeber mit dem „Entwurf eines Gesetzes zur Änderung der Vorschriften über Fernabsatzverträge bei Finanzdienstleistungen“ vom 28.01.2004,[80] das zum 08.12.2004 in

74 Solche kollisionsrechtliche Bestimmungen finden sich auch in anderen Richtlinien wie z.B. in der Richtlinie 1999/44/EG vom 25.05.1999 zu bestimmten Aspekten des Verbrauchsgüterkaufs und der Garantien für Verbrauchsgüter, in Kraft getreten am 07.07.1999 oder der Richtlinie 1994/47/EG vom 26.10.1994 zum Schutz der Erwerber im Hinblick auf bestimmte Aspekte von Verträgen über den Erwerb von Teilzeitnutzungsrechten an Immobilien, in Kraft getreten am 18.11.1994.

75 BGBl. I 2000, S.897 ff.

76 Die Umsetzungsfrist der Fernabsatzrichtlinie endete am 04.06.2000.

77 BGBl. I 2001, S.3138 ff.

78 Lediglich die in § 2 Abs.2 und 3 Fernabsatzgesetz geregelten Informationspflichten wurden aus dem BGB ausgelagert und finden sich nun in der „Verordnung über Informationspflichten nach bürgerlichem Recht“ (BGB-InfoV) vom 02.01.2002 (BGBl. I 2002, S.234 ff.) wieder. Die durch die Fernabsatzrichtlinie vorgegebene Grundstruktur ist dabei erhalten geblieben. Außerdem wurden die bisher geltenden §§ 361a, 361b BGB durch die §§ 355-359 BGB ersetzt.

79 Nach Meinung des EuGH (Urteil des EuGH vom 13.12.2001, Rs.C-481/99, Heininger, Slg. 2001, I-09945 ff., abgedruckt in NJW 2002, S.281 ff.) war die im deutschen Recht geltende Beschränkung der Widerrufsfrist auch bei nicht vorgenommener oder fehlerhafter Belehrung über das Widerrufsrecht im Bereich der Haustürwiderrufsgeschäfte unzulässig. Als Folge wurde § 312d Abs.2 BGB geändert, § 312d Abs.5 BGB neu eingefügt und § 355 Abs.2 und 3 BGB neu gefasst.

80 BGBl. I 2004, S.3102 ff.

Kraft getreten ist, die Richtlinie 2002/65/EG vom 23.11.2002[81] über den Fernabsatz von Finanzdienstleistungen umgesetzt.[82]

2. Die Umsetzung der Fernabsatzrichtlinie in Deutschland

Der Anwendungsbereich sowie die beiden wesentlichen Schutzinstrumente der Fernabsatzrichtlinie – die Informationspflichten und das Widerrufsrecht – wurden in den §§ 312b ff. BGB, §§ 355 ff. BGB sowie in § 1 BGB-InfoV umgesetzt. Die weiteren Vorgaben der Fernabsatzrichtlinie, bei denen der deutsche Gesetzgeber nur z.T. einen Umsetzungsbedarf sah, sind entsprechend ihrer Rechtssystematik vor allem im BGB und im UWG normiert.

2.1 Anwendungsbereich

Entsprechend den Vorgaben der Fernabsatzrichtlinie ist ein Fernabsatzvertrag gem. § 312b Abs.1 S.1 BGB ein Vertrag über die Lieferung von Waren oder über die Erbringung von Dienstleistungen, einschließlich Finanzdienstleistungen[83], der zwischen einem Unternehmer und einem Verbraucher unter ausschließlicher Verwendung von Fernkommunikationsmitteln abgeschlossen wird, es sein denn, dass der Vertragsschluss nicht im Rahmen eines für den Fernabsatz organisierten Vertriebs- und Dienstleistungssystems erfolgt.

Bezüglich des Zustandekommens des Fernabsatzvertrages mittels Angebot und Annahme sind vom europäischen Gesetzgeber in der Fernabsatzrichtlinie keine Vorgaben gemacht worden, so dass die Regelungen des BGB zur Anwendung kommen.

2.1.1 Persönlicher Anwendungsbereich

Die Vorschriften über den Fernabsatz betreffen nur Verträge, die zwischen einem Verbraucher und einem Unternehmer geschlossen wurden.

Ein Verbraucher ist gem. § 13 BGB jede natürliche Person, die ein Rechtsgeschäft zu einem Zweck abschließt, der weder ihrer gewerblichen noch ihrer selbstständigen beruflichen Tätigkeit zugerechnet werden kann. Im Gegensatz zum gemeinschaftsrechtlichen Verbraucherbegriff differenziert der deutsche Gesetzgeber zwischen einer selbstständigen und einer nichtselbstständigen beruflichen Tätigkeit. Jemand, der beruflich nicht selbstständig tätig ist, verfügt nämlich i.d.R. nicht über eine umfangreiche Markterfahrung und ist daher einem Verbraucher gleichzustellen.[84] Da durch diese Unterscheidung ein umfassenderer Verbraucherschutz ermöglicht wird, ist diese Umsetzung gem. Art.14 FARL zulässig.[85]

---

[81] ABl. EG Nr. L 271 vom 09.10.2002, S.16 ff.

[82] Ausführlicher zur Geschichte der Umsetzung der Fernabsatzrichtlinie in Deutschland siehe: Roßnagel/*Brönneke,* Vorbem. zu §§ 312b ff., Rn.7 ff.; Staudinger/*Thüsing* (2005), Vorbem. zu §§ 312b-f, Rn.15 ff.

[83] Finanzdienstleistungen sind vom Anwendungsbereich des § 312b BGB nicht ausgeschlossen, da der deutsche Gesetzgeber die Richtlinie 2002/65/EG vom 23.11.2002 über den Fernabsatz von Finanzdienstleistungen an Verbraucher (ABl. Nr. L 271 vom 09.10.2002, S.16 ff.) in die §§ 312b ff. BGB integriert hat. Da diese Arbeit nur die Umsetzung der Fernabsatzrichtlinie behandelt, werden die Besonderheiten dieser Integration nur dann erläutert, wenn sie auch Auswirkungen auf Fernabsatzverträge haben, die nicht ausschließlich Finanzdienstleistungen betreffen; siehe dazu auch: *Mohrhauser*, Der Fernabsatz von Finanzdienstleistungen an Verbraucher.

[84] *Rünz*, Verbraucherschutz im Fernabsatz, S.9.

[85] *Meents*, Verbraucherschutz bei Rechtsgeschäften im Internet, S.177; Palandt/*Heinrichs*, § 13 BGB Rn.3; *Rünz*, Verbraucherschutz im Fernabsatz, S.9; *Bülow/Artz*, Fernabsatzverträge und

Anstelle des Begriffs Lieferer wird im deutschen Recht der gängigere Begriff des Unternehmers verwendet, der in § 14 BGB legaldefiniert wird. Danach ist ein Unternehmer eine natürliche oder juristische Person oder eine rechtsfähige Personengesellschaft, die bei Abschluss eines Rechtsgeschäfts in Ausübung ihrer gewerblichen oder selbstständigen beruflichen Tätigkeit handelt, wobei der Zweck einer gewerblichen oder selbstständigen Tätigkeit beim Abschluss des Rechtsgeschäfts vorliegen muss.[86] Ein Unternehmer ist somit jede natürliche oder juristische Person und jede rechtsfähige Personengesellschaft, die am Markt planmäßig und dauerhaft Leistungen gegen ein Entgelt anbietet. Auf die Absicht einer Gewinnerzielung kommt es dabei nicht an.[87] Somit fallen auch gemeinnützige Vereine unter den Unternehmerbegriff.[88]

Über die Zuordnung zum privaten oder beruflichen Bereich entscheidet nicht der innere Wille des Handelnden. Maßgeblich ist nur der durch Auslegung zu ermittelnde Inhalt des Rechtsgeschäfts einschließlich der Begleitumstände.[89] Bei einem gemischten Zweck, also wenn der Gegenstand sowohl im Privaten als auch beruflich eingesetzt werden soll, ist entscheidend, welche Benutzung überwiegt.[90] Im Zweifel hat jedoch der Verbraucher seine Verbrauchereigenschaft zu beweisen.[91]

2.1.2 Sachlicher Anwendungsbereich

Ein Fernabsatzvertrag liegt vor, wenn ein Vertrag über die Lieferung von Waren oder über die Erbringung von Dienstleistungen, einschließlich Finanzdienstleistungen, abgeschlossen wurde. Außerdem ist ein solcher Vertrag von einer bestimmten Vertragsabschlusstechnik und einem bestimmten Vertriebssystem abhängig.

Strukturen eines Verbraucherprivatrechts im BGB, NJW 2000, S.2049, 2050; MünchKommBGB/*Micklitz* Bd.1, § 14 BGB Rn.25 f.

86 *Wilmer/Hahn*, Fernabsatzrecht, S.252 Rn.7. Unter einem Rechtsgeschäft eines Unternehmers i.S.d. § 14 BGB ist dem BGH zufolge (Urteil vom 24.02.2005, 3 ZB 36/04) auch ein Existenzgründungsgeschäft, d.h. ein im Zusammenhang mit der Aufnahme einer gewerblichen oder selbständigen beruflichen Tätigkeit geschlossener Vertrag, zu verstehen.

87 Palandt/*Heinrichs*, § 14 Rn.2; MünchKommBGB/*Micklitz* Bd.1, § 14 BGB Rn.16.

88 Palandt/*Heinrichs*, § 14 Rn.2 ff.; MünchKommBGB/*Micklitz* Bd.1, § 14 BGB Rn.14,19.

89 Die Unterscheidung zwischen Unternehmer und Verbraucher ist bei sog. Internet-Auktionen von großer Bedeutung, da ein Unternehmer dem Käufer u.a. ein Widerrufsrecht einräumen muss. Ab wann ein Verkäufer bei Geschäften bei Internet-Auktionshäusern wie beispielsweise eBay zu einem Unternehmer gem. § 14 BGB wird, ist jedoch nicht klar abgrenzbar und muss durch Auslegung ermittelt werden. Indizien für eine Tätigkeit als Unternehmer können die Anzahl der Verkäufe (sog. powerseller) sowie die Art der verkauften Waren sein (siehe dazu u.a.: LG Mainz, Urteil vom 06.07.2005, 3 O 184/04, abgedruckt in NJW 2006, S.783 ff.; LG Coburg, Urteil vom 19.10.2006, 1 HK O 32/06, abgedruckt in CR 2007, S.191 ff.; LG Berlin, Urteil vom 05.09.2006, 103 O 75/06; LG Hanau, Urteil vom 01.09.2006, 5 O 51/06, abgedruckt in MMR 2007, S.339 ff.; LG Hannover, Urteil vom 15.04.2005, 18 O 115/05). Ein Verkäufer, der als sog. powerseller auftritt, trägt gem. dem OLG Koblenz (Beschluss vom 17.10.2005, 5 U 1145/05, abgedruckt in MMR 2006, S.236 f.) die Beweislast dafür, dass er nicht als Unternehmer i.S.d. § 14 BGB gehandelt hat; a.A.: AG Gemünden am Main, Urteil vom 13.01.2004, 10 C 1212/03.

90 Palandt/*Heinrichs*, § 13 Rn.4; MünchKommBGB/*Micklitz* Bd.1, § 13 BGB Rn.34 ff.

91 Staudinger/*Thüsing* (2005), § 312b Rn.9; Palandt/*Heinrichs*, § 13 Rn.4.

2.1.2.1 Gegenstand des Vertrages

Der Gegenstand von Fernabsatzverträgen kann gem. Art.2 Nr.1 FARL die Lieferung von Waren oder die Erbringung von Dienstleistungen sein. Auch in der deutschen Umsetzung in § 312b Abs.1 S.1 BGB sind Fernabsatzverträge Verträge über die Lieferung von Waren oder über die Erbringung von Dienstleistungen. Diese Unterscheidung ist insb. bei der Ausübung des Widerrufsrechts von Bedeutung.[92]

Im deutschen Recht versteht man unter Waren bewegliche körperliche Sachen des Handelsverkehrs.[93] Unter einem Dienstvertrag versteht man die Leistung im Rahmen eines Dienstverhältnisses i.S.d. § 611 BGB. Dies entspricht jedoch nicht den Dienstleistungen im gemeinschaftsrechtlichen Sinn. Der europäische Dienstleistungsbegriff umfasst alle entgeltlichen Leistungen, die nicht unter die anderen Freiheiten des Gemeinschaftsrechts fallen. Folglich sind nach europäischen Maßstäben mit Dienstleistungen alle Geschäfte gemeint, die nicht die Lieferung einer Ware darstellen.[94] Daher muss im deutschen Recht der Begriff der Dienstleistung weiter verstanden werden, so dass nicht nur Dienstverträge, sondern u.a. auch Werk- und Geschäftsbesorgungsverträge unter den Anwendungsbereich der Fernabsatzrichtlinie fallen.[95]

2.1.2.2 Ausschließliche Verwendung von Fernkommunikationstechniken

Wie Art.2 Nr.1 FARL setzt § 312b BGB voraus, dass der Vertrag unter der ausschließlichen Verwendung von Fernkommunikationsmitteln abgeschlossen wird, wobei mehrere unterschiedliche Fernkommunikationsmittel verwendet werden können.[96]

Bei Fernkommunikationsmitteln handelt es sich gem. § 312b Abs.2 BGB um Kommunikationsmittel, die zur Anbahnung oder zum Abschluss eines Vertrages zwischen einem Verbraucher und einem Unternehmer ohne gleichzeitige körperliche Anwesenheit der Vertragsparteien eingesetzt werden können, wobei in einer beispielhaften Aufzählung Briefe, Emails oder Telefonate aufgeführt werden.[97] Folglich liegt kein Fernabsatzvertrag vor, sobald es zwischen den Vertragsparteien oder deren Vertretern zu einem persönlichen Kontakt kommt.[98] Diese Fernkommunikationsmittel müssen aber nicht nur beim Abschluss des Vertrages, sondern auch bei dessen Anbahnung, also auch bei Vertragsverhandlungen, verwendet werden.[99] Für die

---

92 Siehe dazu: 2.Teil, II.2.3.1.5 (S.45 f.).

93 RGZ 130, 85, 88; Palandt/*Grüneberg*, § 312b Rn.10; MünchKommBGB/*Holch* Bd.1, § 90 Rn.22; MünchKommBGB/*Grothe* Bd.1, § 196 BGB Rn.7.

94 Staudinger/*Thüsing* (2005), § 312b Rn.13.

95 MünchKommBGB/*Wendehorst* Bd.2a, § 312b Rn.28; Staudinger/*Thüsing* (2005), § 312b Rn.13; Palandt/*Grüneberg*, § 312b Rn.10c; Roßnagel/*Brönneke*, § 312b BGB Rn.42.

96 Palandt/*Grüneberg*, § 312b Rn.8; Staudinger/*Thüsing* (2005), § 312b Rn.28.

97 Die verbraucherschützenden Vorschriften über den Fernabsatz kommen aber auch zur Anwendung, wenn bei der Vertragsanbahnung oder beim Vertragsschluss ein Bote beauftragt wird. Voraussetzung ist aber, dass dieser dem Verbraucher dabei unmittelbar persönlich gegenübertritt und über den Vertragsinhalt bzw. die Vertragsleistung keine Angaben machen kann und soll (Urteil des BGH vom 21.10.2004, III ZR 380/03, abgedruckt in NJW 2004, S.3699 ff.).

98 Palandt/*Grüneberg*, § 312b Rn.8; Staudinger/*Thüsing* (2005), § 312b Rn.35; AnwKom-BGB-*Ring*, § 312b Rn.31.

99 Staudinger/*Thüsing* (2005), § 312b Rn.35; Palandt/*Grüneberg*, § 312b Rn.7; *Lütcke*, Fernabsatzrecht, § 312b Rn.61; *Micklitz*, Fernabsatz und E-Commerce im Schuldrechtsmodernisierungsge-

ausschließliche Verwendung von Fernkommunikationsmitteln trägt nach den allgemeinen Regelungen der Verbraucher die Beweislast.[100]

2.1.2.3 Für den Fernabsatz organisiertes Vertriebs- und Dienstleistungssystem

Die Voraussetzungen eines für den Fernabsatz organisierten Vertriebs- und Dienstleistungssystems sind sowohl in Art.2 Nr.1 FARL, als auch in der deutschen Umsetzung in § 312b Abs.1 S.1 BGB nicht ausreichend bestimmt. Nach Meinungen in der Literatur muss ein Unternehmer aber die „personellen und sachlichen Voraussetzungen aufweisen, um regelmäßig im Fernabsatz zu tätigende Geschäfte bewältigen zu können“[101]. Daher ist ein für den Fernabsatz organisiertes System bei einer gelegentlichen oder einmaligen Verwendung von Fernkommunikationsmitteln zu verneinen. Im Zweifel muss aber die Abgrenzung zwischen einem organisierten und einem gelegentlichen Fernabsatz durch die Rechtsprechung konkretisiert werden,[102] wobei ein wichtiges Indiz für das Vorliegen eines solchen Systems die Art der Werbung darstellen kann.[103]

Anders als in Art.2 Nr.1 FARL wird in § 312 b Abs.1 S.1 BGB die Vermutung aufgestellt, dass ein für den Fernabsatz organisiertes Vertriebs- oder Dienstleistungssystem vorliegt. Folglich obliegt dem Unternehmer die Beweislast, dass er ein solches System nicht hat,[104] wobei aber das Merkmal des nicht organisierten Vertriebssystems eng auszulegen ist.[105] Da diese abweichende Beweislastregelung ein höheres Schutzniveau des Verbrauchers gewährleistet, ist sie nach Art.14 S.1 FARL zulässig.

2.1.3 Ausschlusstatbestände

Die Vorschriften über Fernabsatzverträge finden gem. § 312b Abs.3 BGB keine Anwendung auf:

- Fernunterrichtsverträge (Nr.1) und Verträge über Teilzeitwohnrechte (Nr.2),[106]

---

satz, EuZW 2001, S.133, 134; MünchKommBGB/*Wendehorst* Bd.2a, § 312b Rn.46; a.A.: Roßnagel/*Brönneke*, § 312b BGB Rn.42.

100 Staudinger/*Thüsing* (2005), § 312b Rn.55; *Rünz*, Verbraucherschutz im Fernabsatz, S.15; *Bülow/Artz*, Fernabsatzverträge und Strukturen eines Verbraucherprivatrechts im BGB, NJW 2000, S.2049, 2053.

101 *Meub*, Fernabsatz und E-Commerce nach neuem Recht, DB 2002, S.359; ebenso: Palandt/*Grüneberg*, § 312b Rn.11; Staudinger/*Thüsing* (2005), § 312b Rn.49; Begründung zum Entwurf des FernAG, BT-Drs.14/2658, S.30; AnwKom-BGB-*Ring*, § 312b Rn.32; *Lorenz*, Im BGB viel Neues, JuS 2000, S.833, 838; *Bülow/Artz*, Fernabsatzverträge und Strukturen eines Verbraucherprivatrechts im BGB, NJW 2000, S.2049, 2053; Nach MünchKommBGB/*Wendehorst* Bd.2a, § 312b Rn.52 reicht schon das tatsächliche Vorliegen eines Fernabsatzsystems aus. Ob der Unternehmer sich bewusst für die Methode des Fernabsatzes entschieden hat, ist nicht relevant.

102 Begründung zum Entwurf des FernAG, BT-Drs.14/2658, S.31.

103 *Lorenz*, Im BGB viel Neues, JuS 2000, S.833, 838; MünchKommBGB/*Wendehorst* Bd.2a, § 312b Rn.54; Roßnagel/*Brönneke*, § 312b BGB Rn.66; siehe dazu auch: *Seiler*, Verbraucherschutz auf elektronischen Märkten, S.324 ff.

104 *Rünz*, Verbraucherschutz im Fernabsatz, S.15; Staudinger/*Thüsing* (2005), § 312b Rn.54; Palandt/*Grüneberg*, § 312b Rn.11; Roßnagel/*Brönneke*, § 312b BGB Rn.467.

105 *Tonner*, Das neue Fernabsatzgesetz, BB 2000, S.1413, 1416; Staudinger/*Thüsing* (2005), § 312b Rn.53; Palandt/*Grüneberg*, § 312b Rn.11; a.A.: *Lütcke*, Fernabsatzrecht, § 312b Rn.75.

106 Vgl. Begründung zum Entwurf des FernAG, BT-Drs.14/2658, S.31 f. Der Gesetzgeber war demnach der Ansicht, dass das FernUSchG und die §§ 481 ff. BGB einen ausreichenden Verbrau-

- Versicherungen und deren Vermittlung (Nr.3),
- Immobiliengeschäfte (Nr.4),[107]
- bestimmte Verträge über Lebensmittel, Getränke und dergleichen am Wohnsitz, Aufenthaltsort oder Arbeitsplatz des Verbrauchers (Nr.5),
- Verträge über Dienstleistungen in den Bereichen Unterbringung, Beförderung, Lieferung von Speisen und Getränken sowie Freizeitgestaltung, wenn sich der Unternehmer bei Vertragsabschluss verpflichtet, die Dienstleistungen zu einem bestimmten Zeitpunkt oder innerhalb eines genau angegebenen Zeitraums zu erbringen (Nr.6),
- Verträge, die unter Verwendung von Warenautomaten bzw. automatisierten Geschäftsräumen zustande kommen (Nr.7 lit.a),
- Verträge über die Benutzung öffentlicher Fernsprecher (Nr.7 lit.b).

Bei der Umsetzung der Fernabsatzrichtlinie hat der deutsche Gesetzgeber mit Ausnahme der Versteigerung (Art.3 Abs.1 SpStr.5 FARL) den Ausnahmenkatalog der Fernabsatzrichtlinie übernommen und in § 312 b Abs.3 BGB umgesetzt. Dabei hat er jedoch auf eine Differenzierung innerhalb der Bereichsausnahmen wie in Art.3 FARL verzichtet. Die in Art.3 Abs.2 FARL aufgeführten Verträge sind somit vom gesamten Anwendungsbereich der Vorschriften über Fernabsatzverträge ausgeschlossen. Da jedoch die Artikel, die gem. Art.3 Abs.2 SpStr.2 FARL weiterhin anwendbar gewesen wären, nicht als Vorschriften über Fernabsatzverträge umgesetzt wurden, ist das von der Richtlinie geforderte Mindestmaß an Schutz trotzdem gewahrt. Somit ist § 312b Abs.3 Nr.5 und 6 BGB richtlinienkonform.

Da der deutsche Gesetzgeber Verträge, die bei Versteigerungen geschlossen werden, nicht in den Ausnahmekatalog des § 312b Abs.3 BGB aufgenommen hat, gelten auch dort die verbraucherschutzrechtlichen Regelungen des Fernabsatzes. Es entfällt lediglich das Widerrufsrecht gem. § 312d Abs.4 Nr.5 BGB.[108] Diese Abweichung ist jedoch nach Art.14 S.1 FARL zulässig, da den Unternehmer die Informationspflichten des § 312c BGB treffen und somit ein höheres Verbraucherschutzniveau gewährleistet wird.[109]

2.2 Informationspflichten

Die Artt.4 und 5 FARL, die die Informationspflichten des Unternehmers betreffen, wurden vom deutschen Gesetzgeber in § 312c BGB i.V.m. § 1 BGB-InfoV umge-

---

cherschutz gewährleisten, der sowohl der Fernabsatzrichtlinie als auch der sog. Time-Sharing-Richtlinie (ABl. EG Nr. L 280 S.83 ff.) entspricht. Ebenso: Palandt/*Grüneberg*, § 312b Rn.12; Staudinger/*Thüsing* (2005), § 312b Rn.62 und 64.

107 Nach Palandt/*Grüneberg*, § 312b Rn.14, ging der Gesetzgeber davon aus, dass für die unter Nr.4 fallenden Verträge aufgrund der Form und der Schutzvorschriften des BGB entweder ein Vertragsschluss im Fernabsatz unmöglich ist oder den zusätzlichen Schutz durch die §§ 312b ff. BGB überflüssig macht; ebenso: Staudinger/*Thüsing* (2005), § 312b Rn.69; Roßnagel/*Brönneke* für Grundstücksgeschäfte: § 312b BGB Rn.79 f., der in Rn.80 allerdings auf die Schutzlücke hinweist, die im Hinblick auf Verträge über die Errichtung von Bauwerken auf eigenen Grundstücken besteht.

108 Bei Kaufverträgen zwischen einem gewerblichen Anbieter und einem Verbraucher, die im Rahmen einer so genannten Internet-Auktion durch Angebot und Annahme gem. §§ 145 ff. BGB und nicht durch einen Zuschlag nach § 156 BGB zu Stande kommen, steht dem Verbraucher ein Widerrufsrecht nach §§ 312d, 355 BGB zu. (Urteil des BGH vom 03.11.2004, VIII ZR 375/03, abgedruckt in NJW 2005, S.53 ff.)

109 Staudinger/*Thüsing* (2005), § 312b Rn.59; Roßnagel/*Brönneke*, § 312b BGB Rn.25.

setzt. Dabei kann – wie in der Fernabsatzrichtlinie – zwischen vorvertraglichen und vertraglichen[110] Informationspflichten des Unternehmers unterschieden werden.

2.2.1 Vorvertragliche Informationspflichten

Die Umsetzung des Art.4 FARL in deutsches Recht erfolgte durch § 312c Abs.1 BGB. Danach hat der Unternehmer den Verbraucher rechtzeitig vor Abgabe von dessen Vertragserklärung in einer dem eingesetzten Fernkommunikationsmittel entsprechenden Weise klar und verständlich und unter Angabe des geschäftlichen Zwecks die Informationen zur Verfügung zu stellen. Die Informationen, die der Unternehmer dem Verbraucher zur Verfügung zu stellen hat, sind in § 1 Abs.1 BGB-InfoV aufgeführt, auf den in § 312c Abs.1 S.1 BGB durch Art.240 EGBGB verwiesen wird. Da der Unternehmer die Informationen nur „zur Verfügung stellen" muss, kommt es auf eine tatsächliche Kenntnisnahme durch den Verbraucher nicht an.[111]

2.2.1.1 Inhalt der vorvertraglichen Informationspflichten

Der Inhalt der Informationen, die der Unternehmer dem Verbraucher gem. § 312c Abs.1 BGB zur Verfügung stellen muss, ist in § 1 BGB-InfoV festgelegt.[112] Ein Unternehmer muss einen Verbraucher u.a. über seine Identität aufklären, ihn über ein bestehendes Widerrufs- oder Rückgaberecht belehren[113] und über den Gesamtpreis[114] einschließlich aller Bestandteile informieren. Diese in § 1 BGB-InfoV aufgeführten Informationspflichten entsprechen sinngemäß dem Informationskatalog des Art.4 FARL mit folgenden Ausnahmen: Erstens muss der Unternehmer – anders als in Art.4 Abs.1 lit.a FARL – dem Verbraucher seine Adresse gem. § 312c BGB i.V.m. § 1 Abs.1 BGB-InfoV auch dann mitteilen, wenn keine Vorauszahlung erforderlich ist. Zweitens ist der Unternehmer gem. § 312c Abs.1 BGB i.V.m. § 1 Abs.1 Nr.4 BGB-InfoV zusätzlich verpflichtet, den Verbraucher darüber zu informieren, wie der Vertrag zustande gekommen ist.[115] Außerdem sind die Informationspflichten umfangreicher als von der Fernabsatzrichtlinie vorgegeben, da die Finanzdienstleistungsrichtlinie in die §§ 312b ff. BGB und § 1 BGB-InfoV integriert wurde. Daher gelten die von

---

110 Laut *Meub*, Fernabsatz und E-Commerce nach neuem Recht, DB 2002, S.359, 360, ist der hier häufig verwendete Begriff nachvertragliche Pflichten irreführend, da echte nachvertragliche Pflichten wie die Ersatzteilvorhaltepflicht existieren.

111 AnwKom-BGB-*Ring*, § 312c Rn.4; *Bülow/Artz*, Fernabsatzverträge und Strukturen eines Verbraucherprivatrechts im BGB, NJW 2000, S.2049, 2055.

112 Ausführlich zum Inhalt der vorvertraglichen Informationspflichten siehe: Staudinger/*Thüsing* (2005), § 312c Rn.52 ff.; Roßnagel/*Brönneke/Zander-Hayat* (2008), § 312c BGB Rn.82ff.

113 Dem BGH zufolge (Urteil vom 12.04.2007, VII ZR 122/06) entspricht eine Widerrufsbelehrung nicht den Anforderungen dieses Gesetzes, wenn sie einen Verbraucher nur über dessen Pflichten im Falle des Widerrufs und nicht über dessen wesentliche Rechte informiert. Auch ist gem. dem OLG Frankfurt (Urteil vom 14.12.2006, 6 U 129/06, abgedruckt in MMR 2007, S.322 ff.) eine Widerrufsbelehrung, die einen generellen Ausschluss des Widerrufsrechts für bestimmte Waren wie beispielsweise Unterwäsche vorsieht, fehlerhaft. Weiterhin muss eine Widerrufsbelehrung in einem engen zeitlichen Zusammenhang mit der Abgabe der auf den Vertragsschluss gerichteten Willenserklärung durch den Verbraucher stehen und darf insbesondere nicht deutlich vor Vertragsschluss erfolgen (Urteil des BGH vom 04.07.2002, I ZR 55/00, abgedruckt in NJW 2002, S.3396 ff.).

114 So reicht es beispielsweise gem. dem LG Bonn (Urteil vom 17.01.2002, 14 O 178/01) nicht aus, bei einem Grundwerk mit Ergänzungslieferungen nur den Grundpreis und den Preis pro Seite anzugeben.

115 Staudinger/*Thüsing* (2005), § 312c Rn.5; Palandt/*Grüneberg*, § 312c Rn.4.

der Finanzdienstleistungsrichtlinie vorgegebenen Informationspflichten für alle Fernabsatzverträge.[116] Da dadurch ein höheres Verbraucherschutzniveau gewährleistet wird, ist diese Erweiterung gem. Art.14 FARL bzw. Art.4 Abs.2 FernAbsFinanzDienstRL zulässig.

2.2.1.2 Zeitpunkt der Informationsgewährung

Die Informationen müssen gem. § 312c Abs.1 BGB dem Verbraucher rechtzeitig vor Abgabe seiner Vertragserklärung zur Verfügung stehen. Diese Pflicht trifft den Unternehmer unabhängig davon, ob es zu einem tatsächlichen Vertragsabschluss kommt.[117] Wann eine Übermittlung der Information rechtzeitig erfolgt, wird nicht näher erläutert. Es ist aber davon auszugehen, dass die Informationen dem Verbraucher – ebenso wie in der Fernabsatzrichtlinie – dergestalt zur Verfügung gestellt werden sollen, dass er die übermittelten Informationen zur Kenntnis nehmen und eine informierte Entscheidung treffen kann.[118] Im Einzelfall muss die Bestimmung der rechtzeitigen Übermittlung der Informationen daher der Auslegung durch die Rechtsprechung überlassen werden.[119]

2.2.1.3 Form- und Transparenzgebot

Die vorvertraglichen Informationspflichten müssen nicht in einer bestimmten Form mitgeteilt werden. Sie müssen aber gem. § 312c Abs.1 BGB in einer dem Fernkommunikationsmittel entsprechenden Weise übermittelt werden.[120] Mit dieser Regelung wird der Umstand berücksichtigt, dass eine gleiche Art der Informationsgewährung nicht bei allen Fernkommunikationsmitteln möglich ist.[121] Es ist jedoch nicht zulässig, wenn der Verbraucher auf ein weiteres Fernkommunikationsmittel verwiesen wird.[122]

---

116 Siehe dazu im Detail: 4.Teil, I.2.1 (S.91 ff.).

117 Staudinger/*Thüsing* (2005), § 312c Rn.17.

118 Palandt/*Grüneberg*, § 312c Rn.4; Staudinger/*Thüsing* (2005), § 312c Rn.20; Begründung zum Entwurf des FernAG, BT-Drs.14/2658, S.38; AnwKom-BGB-*Ring*, § 312c Rn.12; MünchKommBGB/*Wendehorst* Bd.2a, § 312b Rn.25; Roßnagel/*Brönneke/Zander-Hayat* (2008), § 312c BGB Rn.61f.

119 Begründung zum Entwurf des FernAG, BT-Drs.14/2658, S.38. So ist ein im Fernabsatz tätiger Unternehmer gem. des Urteils des OLG Hamburg (Urteil vom 23.12.2004, 5 U 17/04, abgedruckt in GRUR-RR 2005, S.236 ff.) nicht verpflichtet, bereits im Rahmen von Werbemaßnahmen die nach § 1 Abs.1 BGB-InfoV geschuldeten Informationen zu erteilen. Voraussetzung jedoch ist, dass zwischen der Werbung und dem Vertragsschluss noch eine Verbraucherinformation geschaltet ist, die i.S.d. § 312c Abs.1 BGB rechtzeitig ist. Wird jedoch eine Anzeigenwerbung mit Bestellcoupon geschaltet, so besteht gem. dem OLG Hamm (Urteil vom 22.11.2001, 4 U 83/01) bei dieser Art der Werbung eine Pflicht zur vorvertraglichen Informationsgewährung potenzieller Käufer.

120 Gem. dem OLG Frankfurt (Urteil vom 09.05.2007, 6 W 61/07) ist es grundsätzlich zulässig, Widerrufsbelehrungen und AGB im Internet in so genannte Scrollfenster einzubinden. Diese dürfen jedoch nicht so klein sein, dass selbst Nutzer, die mit dem Scrollen vertraut sind, den Text nur sehr schlecht wahrnehmen können. Eine Darstellung der fernabsatzrechtlichen Informationspflichten in einem Pop-Up-Fenster unten hingegen entspricht gem. dem OLG Düsseldorf (Urteil vom 13.04.2006, VI-U(Kart) 23/05, abgedruckt in GRUR 2006, S.482 ff.) nicht den Anforderungen des § 312c Abs.1 S.1 BGB, da bei einem aktiviertem Pop-Up-Blocker eine ordnungsgemäße Darstellung der Informationen ausgeschlossen wird und somit die Informationen weder in Textform noch klar und verständlich zur Verfügung gestellt werden.

121 Begründung zum Entwurf des FernAG, BT-Drs.14/2658, S.31.

122 Staudinger/*Thüsing* (2005), § 312c Rn.22.

Die Informationen, die der Unternehmer dem Verbraucher zur Verfügung stellen muss, müssen gem. § 312c Abs.1 S.1 BGB außerdem klar und verständlich sein.[123]

Somit müssen die Informationen dergestalt sein, dass ein angesprochener durchschnittlicher Verbraucher, der keine besonderen Rechtskenntnisse hat, diese Informationen ohne weiteres in ihrem Inhalt und ihrer Bedeutung verstehen kann.[124] Hinsichtlich der Anforderung kann man sich am Transparenzgebot des § 307 Abs.1 BGB orientieren, wobei die Anforderungen des § 312c Abs.1 BGB z.T. darüber hinausgehen.[125]

Es stellt sich – wie bereits angesprochen – außerdem die Frage, in welcher Sprache die Informationen übermittelt werden müssen, damit sie klar und verständlich i.S.d. § 312c Abs.1 BGB sind. Dies ist vom angesprochenen Kundenkreis abhängig. Wenn ein Unternehmer sein Angebot auf Deutschland beschränkt,[126] so reicht es aus, wenn die Informationen nur in der entsprechenden Landessprache, also auf Deutsch, bereitgehalten werden.[127] Vor allem bei dem Fernkommunikationsmittel Internet besteht jedoch die Möglichkeit, grenzüberschreitende Verträge abzuschließen. Es wäre aber weder praktikabel noch für den Unternehmer zumutbar, wenn dieser die Informationen beispielsweise in allen Sprachen der Gemeinschaft bereithalten müsste.[128] Daher wird die Meinung vertreten, dass im Internet für die Einhaltung des Transparenzgebots die zusätzliche Bereitstellung der Informationen in englischer Sprache ausreicht, da ein Unternehmer davon ausgehen darf, dass ein Verbraucher, der sein Angebot in einer bestimmten Sprache annimmt, auch die Informationen in dieser Sprache versteht.[129] Wurden jedoch die Vertragsverhandlungen in einer ausländischen Sprache geführt oder wurde der Vertrag in einer Sprache abgefasst und ist der Kunde nur dieser Sprache mächtig, so sind die Information und insb. die Widerrufserklärung auch in jener Sprache zu erteilen.[130] Der Unternehmer ist somit generell verpflichtet, sorgfältig zu prüfen, ob und in welchem Umfang er sich einer Fremdsprache bedienen kann bzw. muss.[131] Hat er die Lieferung seiner Ware nur

---

123 Laut BGH (Urteil vom 20.07.2006, I ZR 228/03, abgedruckt in CR 2006, S.850 ff.) ist es – um den Anforderungen des § 312c Abs.1 S.1 BGB an eine klare und verständliche Zurverfügungstellung der Informationen i.S.v. § 1 Abs.1 BGB-InfoV im Internet zu genügen – nicht erforderlich, dass die Angaben auf der Startseite bereitgehalten werden oder im Laufe eines Bestellvorgangs zwangsläufig aufgerufen werden müssen.

124 *Dilger*, Verbraucherschutz bei Vertragsabschlüssen im Internet, S.77; *Rünz*, Verbraucherschutz im Fernabsatz, S.53; MünchKommBGB/*Wendehorst* Bd.2a, § 312c Rn.37; *Härting*, Fernabsatzgesetz, § 2 FernAbsG Rn.69.

125 MünchKommBGB/*Wendehorst* Bd.2a, § 312c Rn.37; *Micklitz/Reich*, Umsetzung der EG-Fernabsatzrichtlinie, BB 1999, S.2093, 2094.

126 Oft sieht man beispielsweise auf Websites oder in Katalogen Hinweise, dass eine Ware nur innerhalb Deutschlands versandt wird.

127 *Rünz*, Verbraucherschutz im Fernabsatz, S.50; Staudinger/*Thüsing* (2005), § 312c Rn.34.

128 Problematisch wäre dabei nicht so sehr das Bereitstellen der Informationen, da sie einmalig von einem Dolmetscher übersetzt werden könnten. Vielmehr sind es die Reklamationen, die in diesen Sprachen eingehen könnten und deren Bearbeitung zu einem dem Unternehmer nicht zumutbaren Aufwand führen würde.

129 *Meents*, Verbraucherschutz bei Rechtsgeschäften im Internet, S.192; Staudinger/*Thüsing* (2005), § 312c Rn.34; *Rünz*, Verbraucherschutz im Fernabsatz, S.53.; *Aigner/Hofmann*, Fernabsatzrecht im Internet, Rn.294; *Härting*, Fernabsatzgesetz, § 2 FernAbsG Rn.66 f.; AnwKom-BGB-*Ring*, § 312c Rn.17; MünchKommBGB/*Wendehorst* Bd.2a, § 312c Rn.40.

130 LG Köln, Urteil vom 08.03.2001, 32 S 66/01, abgedruckt in NJW-RR 2002, S.1491 ff.; ein Verbot der Sprachvermischung sehen: Roßnagel/*Brönneke/Zander-Hayat* (2008), § 312c BGB Rn.76.

131 AnwKom-BGB-*Ring*, § 312c Rn.15.

auf wenige Länder beschränkt, so hat er die Informationen in diesen Sprachen zur Verfügung zu stellen.[132] Ebenso ist es einem Unternehmer zuzumuten, dass er, wenn er mit Verbrauchern eines bestimmten Landes Geschäfte in einem nennenswerten Umfang abschließt, für die Verbraucher dieses Landes die Informationen in deren Landessprache bereitstellt.[133]

2.2.1.4 Telefonischer Kontakt

Weiterhin hat der Unternehmer gem. § 312c Abs.1 S.2 BGB bei von ihm veranlassten Telefongesprächen seine Identität und den geschäftlichen Zweck des Kontakts bereits zu Beginn eines jeden Gesprächs ausdrücklich offen zu legen.[134] Der Unternehmer erfüllt diese Pflicht, wenn er unmittelbar nach der Begrüßung auf seine Identität und auf den geschäftlichen Zweck des Anrufes hinweist.[135]

2.2.2 Vertragliche Informationspflichten

Der Unternehmer hat außerdem gem. § 312c Abs.2 BGB die Vertragsbestimmungen einschließlich der AGB, sowie die in § 1 Abs.4 BGB-InfoV bestimmten Informationen in der dort bestimmten Art und Weise in Textform mitzuteilen.

2.2.2.1 Inhalt der vertraglichen Informationspflichten

Der Unternehmer hat gem. § 312c Abs.2 BGB i.V.m. § 1 Abs.4 S.1 BGB-InfoV folgende Informationen mitzuteilen:

- die Vertragsbedingungen, einschließlich der AGB,
- die in § 1 Abs.1 BGB-InfoV aufgeführten Informationen,[136]
- Informationen über vertragliche Kündigungen einschließlich etwaiger Vertragsstrafen bei Verträgen, die ein Dauerschuldverhältnis betreffen und für eine längere Zeit als ein Jahr oder für eine unbestimmte Zeit geschlossen werden,
- Informationen über Kundendienst und geltende Gewährleistungs- und Garantiebedingungen.[137]

Sind diese Informationen im Zuge der vorvertraglichen Informationspflichten gem. § 312c Abs.1 BGB dem Verbraucher in Textform mitgeteilt worden, so brauchen sie nicht nochmals übermittelt zu werden.[138]

2.2.2.2 Zeitpunkt der Informationsgewährung

Der Unternehmer hat dem Verbraucher diese Informationen gem. § 312c Abs.2 Nr.2 BGB bei sonstigen Dienstleistungen und bei der Lieferung von Waren alsbald[139], jedoch spätestens bis zur vollständigen Erfüllung des Vertrages, bei Waren bis zur Lie-

---

[132] Staudinger/*Thüsing* (2005), § 312c Rn.34.

[133] *Wilmer/Hahn*, Fernabsatzrecht, S.306 Rn.11.

[134] Laut *Grigoleit*, Besondere Vertriebsformen im BGB, NJW 2002, S.1151, 1156, dürfte dieses Gebot kaum eigenständige praktische Bedeutung erfahren, da es auch aus den Lauterkeitsanforderungen des UWG abgeleitet werden kann.

[135] Staudinger/*Thüsing* (2005), § 312c Rn.14.

[136] Siehe dazu: 2.Teil, II.2.2.1.1 (S.39 f.) sowie 4.Teil, I.2.1 (S.91 ff.).

[137] Im Einzelnen zu den Inhalten dieser Informationen: Roßnagel/*Brönneke/Zander-Hayat* (2008), § 312c BGB Rn.176ff.

[138] *Grigoleit*, Besondere Vertriebsformen im BGB, NJW 2002, S.1151, 1157; dem zustimmend: Palandt/*Grüneberg*, § 312c Rn.8.

[139] Welcher Zeitraum unter „alsbald" zu verstehen ist, richtet sich nach den Gepflogenheiten des Rechtsverkehrs. Vgl. MünchKommBGB/*Wendehorst* Bd.2a, § 312c Rn.84.

ferung an den Verbraucher mitzuteilen. Damit soll gewährleistet werden, dass der Verbraucher die Möglichkeit hat, sich über den Inhalt des Vertrages zu versichern.[140]

2.2.2.3 Form

Die Informationen sind gem. § 312c Abs.2 S.1 BGB in Textform (§ 126b BGB) zu übermitteln. Der Unternehmer muss dabei – im Gegensatz zu den vorvertraglichen Informationspflichten – den individuellen Zugang der Informationen beim Verbraucher in Textform sicherstellen.[141]

Die Vorgaben des Art.5 FARL, die Informationen schriftlich oder auf einem anderen für ihn verfügbaren dauerhaften Datenträger zu übermitteln, hat der deutsche Gesetzgeber durch die Einführung der Textform gem. § 126b BGB umgesetzt, die eine lesbare, dauerhafte, unterschriftslos gültige Erklärung bezeichnet.[142] Der Zweck dieser Regelung der Fernabsatzrichtlinie ist es, dem Verbraucher dauerhaft die Möglichkeit zu geben, Kenntnis von den Informationen zu nehmen.[143] Folglich müssen die Informationen dem Verbraucher in einer kopierbaren Form zur Verfügung stehen[144] und der Unternehmer darf nicht die Möglichkeit haben, die abgegebenen Informationen nachträglich zu verändern.[145] Auf eine Identifizierbarkeit durch die Unterschrift des Ausstellers, wie bei der Schriftform gem. § 126 BGB, kommt es dabei aber nicht an.[146] Da die Textform diesen Anforderungen genügt, liegt eine richtlinienkonforme Umsetzung des Art.5 FARL vor.

In diesem Zusammenhang stellt sich die Frage, ob diese Informationspflichten zusammen mit den AGB übermittelt werden können. Problematisch ist hierbei, dass aufgrund der Fülle der Informationen nach § 1 BGB-InfoV diese Informationen in den AGB untergehen können, was dem Transparenzgebot[147] des Fernabsatzgesetzes widersprechen würde. Daher sollten die Informationen, die aufgrund von § 312c BGB übermittelt werden, unabhängig vom Umfang der AGB besonders hervorgehoben werden.[148] Diese Ansicht wird durch § 1 Abs.4 S.3 BGB-InfoV untermauert, der besagt, dass die dort aufgeführten Informationen in einer hervorgehobenen und deut-

---

140 Palandt/*Grüneberg*, § 312c Rn.10.

141 Vgl. *Bülow/Artz*, Verbraucherprivatrecht, S.73. Demnach ist es nicht ausreichend, die Informationen auf eine Homepage zu stellen. Das Versenden einer Email reicht hingegen aus, da der Verbraucher so in die Lage versetzt wird, die Informationen zu speichern oder auszudrucken.

142 Ursprünglich hat der deutsche Gesetzgeber den Begriff dauerhafter Datenträger verwendet, der in § 361a Abs.3 BGB a.F. definiert war und als Alternative zur Schriftform bei der Verwendung von elektronischen Medien eingeführt wurde. Da der Ort dieser Definition aber nicht der Systematik des BGB entsprach, wurde dieser Begriff laut der Begründung zum Entwurf des FernAG, BT-Drs.14/2658, S.18, durch die Textform § 126b BGB ersetzt, mit deren Einführung außerdem die verstreuten Formvorschriften zusammengefasst werden sollten.

143 Erwägungsgrund (13) FARL.

144 *Meub*, Fernabsatz und E-Commerce nach neuem Recht, DB 2002, S.359, 361.

145 AnwKom-BGB-*Ring* § 312c Rn.54.

146 *Dilger*, Verbraucherschutz bei Vertragsabschlüssen im Internet, S.81 f.

147 Das Transparenzgebot des § 312b Abs.1 BGB muss – obwohl es in § 312c Abs.2 nicht aufgeführt wird – hinsichtlich aller Informationen beachtet werden. So auch: MünchKommBGB/*Wendehorst* Bd.2a, § 312c Rn.98.

148 Staudinger/*Thüsing* (2005), § 312c Rn.32; Ebenso OLG Frankfurt, Urteil vom 14.12.2006, 6 U 129/06, abgedruckt in MMR 2007, S.322 ff.

lich gestalteten Form mitzuteilen sind,[149] wenn sie in den Vertragsbestimmungen einschließlich der AGB eingearbeitet sind.

2.2.3 Ausnahme der Übermittlung in Textform

Die Ausnahme der Pflicht zur Bestätigung der Informationen gem. Art.5 Abs.2 FARL bei Online-Geschäften wurde in der deutschen Umsetzung detailgetreu in § 312c Abs.2 S.2 BGB umgesetzt.[150]

2.2.4 Rechtsfolgen

Die Rechtsfolgen einer fehlenden Übermittlung der Informationen in Textform sind in § 312d Abs.2 BGB geregelt. Danach beginnt die Widerrufsfrist erst zu laufen, wenn diese Informationspflichten erfüllt wurden. Bei einem Verstoß gegen die vorvertraglichen Informationspflichten kann u.a. der Vertrag, sofern es sich bei diesen Informationen um *essentialia negotii* handelt, nicht zustande gekommen sein. Außerdem können gegen den Unternehmer Schadensersatzansprüche gem. § 311 Abs.2 i.V.m. § 280 Abs.1 BGB entstehen.[151]

2.3 Widerrufsrecht

Der deutsche Gesetzgeber hat das Widerrufsrecht des Art.6 FARL in den §§ 312d, 355 ff. BGB umgesetzt. Im Folgenden werden nun die Voraussetzungen der Ausübung des Widerrufs- und des Rückgaberechts, durch welches das Widerrufsrecht unter bestimmten Bedingungen ersetzt werden kann, sowie deren Rechtsfolgen erläutert.

2.3.1 Die Voraussetzungen des Widerrufsrechts

Um eine zum Vertragsschluss führende Willenserklärung widerrufen zu können, muss ein Fernabsatzvertrag vorliegen und der Widerruf muss innerhalb der Widerrufsfrist gegenüber dem Unternehmer erklärt worden sein. Auch darf das Widerrufsrecht nicht erloschen oder ausgeschlossen sein.

2.3.1.1 Wirksamer Fernabsatzvertrag

Um das Widerrufsrecht gem. § 312d BGB ausüben zu können, muss ein Fernabsatzvertrag gem. § 312b BGB vorliegen. Dabei ist unerheblich, ob die zu widerrufende Willenserklärung des Verbrauchers ein Angebot zum Vertragsabschluss oder eine Annahme war.[152]

2.3.1.2 Widerrufserklärung

Eine Widerrufserklärung ist gem. § 355 Abs.1 S.2 BGB in Textform (§ 126b BGB) oder durch die Rücksendung der Sache zu erklären. Sie muss auch keine Begründung enthalten. Es ist daher ausreichend, wenn sich aus den allgemeinen Auslegungsregeln entnehmen lässt, dass der Verbraucher nicht mehr an seine Willenser-

---

[149] Vgl. *Wilmer/Hahn*, Fernabsatzrecht, S.313 Rn.20 f. Demnach sind Informationen hervorgehoben und deutlich gestaltet, wenn die Schriftgröße oder Schriftfarbe im Kontrast zum übrigen Text steht und die Informationen gut lesbar und verständlich sind.

[150] Siehe dazu ausführlicher: Staudinger/*Thüsing* (2005), § 312c Rn.106 ff.

[151] *Wilmer/Hahn*, Fernabsatzrecht, S.298 Rn.29; Palandt/*Grüneberg*, § 312c Rn.12; Staudinger/*Thüsing* (2005), § 312c Rn.123 ff.; AnwKom-BGB-*Ring*, § 312c Rn.69 ff.

[152] Staudinger/*Thüsing* (2005), § 312d Rn.10.

klärung gebunden sein will.[153] Jedoch muss sowohl der zu widerrufende Vertrag als auch die erklärende Person erkennbar sein.[154]

2.3.1.3 Dauer der Widerrufsfrist

Im Regelfall wird dem Verbraucher gem. § 355 Abs.1 S.2 BGB die Möglichkeit eingeräumt, jeden Vertragsabschluss im Fernabsatz innerhalb einer Frist von zwei Wochen zu widerrufen. Die Widerrufsfrist kann jedoch – wenn die Informationspflichten des § 312c BGB nicht oder nicht rechtzeitig erfüllt wurden – einen Monat, sechs Monate oder gar unbegrenzt dauern.[155]

2.3.1.4 Fristwahrung

Zur Wahrung der Widerrufsfrist reicht gem. § 355 Abs.1 S.2 BGB die rechtzeitige Absendung der Widerrufserklärung. Da diese aber eine empfangsbedürftige Willenserklärung ist, muss sie gem. § 130 Abs.1 BGB dem Unternehmer zugehen.[156] Folglich trägt der Unternehmer das Verzögerungsrisiko, während nach den allgemeinen Beweislastregeln der Verbraucher das Zugangs- und Verlustrisiko der Widerruferklärung trägt.[157] Wenn der Verbraucher jedoch sein Widerrufsrecht durch Rückgabe der Sache ausübt, dann kann, da der Unternehmer die Gefahr der Rücksendung trägt, im Falle des Untergangs der Sache eine Widerrufserklärung auch ohne Zugang wirksam werden.[158]

2.3.1.5 Beginn der Widerrufsfrist

Die Widerrufsfrist beginnt gem. § 312d Abs.2 BGB bei Waren mit Eingang beim Empfänger,[159] bei Dienstleistungen nicht vor dem Tag des Vertragsabschlusses.[160] Die Widerrufsfrist beginnt aber auf keinen Fall zu laufen, bevor die Informationspflichten gem. § 312c Abs.2 BGB erfüllt wurden.[161] Außerdem hat gem. § 355 Abs.2 S.1 BGB eine deutlich gestaltete Belehrung[162] über das Widerrufsrecht zu erfolgen.[163] Diese Widerrufsbelehrung kann jedoch zusammen mit den Information, die der Un-

---

153 Staudinger/*Thüsing* (2005), § 312d Rn.13; Palandt/*Grüneberg*, § 355 Rn.6.

154 Palandt/*Grüneberg*, § 355 Rn.6.

155 Siehe dazu: 2.Teil, II.2.3.1.6 (S.46 f.).

156 Palandt/*Grüneberg*, § 355 Rn.10.

157 Staudinger/*Thüsing*, § 312d Rn.14.

158 Palandt/*Grüneberg*, § 355 Rn.10.

159 Gem. OLG Frankfurt (Urteil vom 28.11.2001, 9 U 148/01, abgedruckt in CR 2002, S.638 ff.) ist dabei der vollständige Eingang der Waren maßgebend. Eine Teillieferung ist nicht ausreichend, da die Waren noch nicht auf ihre Ordnungsgemäßheit überprüft werden können.

160 Bei einem Kauf auf Probe gem. § 454 BGB ist die Billigung des Vertrags als der nach § 355 Abs.1 S.1 BGB maßgebliche Zeitpunkt anzusehen, von dem an die Widerrufsfrist für die auf den Abschluss des Verbrauchervertrags gerichtete Willenserklärung des Käufers zu laufen beginnt (Urteil des BGH vom 17.03.2004, VIII ZR 265/03, abgedruckt in NJW 2005, S.283 f.).

161 Die Widerrufsfrist beginnt auch nicht zu laufen, bevor die Pflichten des § 312e BGB erfüllt wurden. Siehe dazu: 3.Teil, III.3 (S.82 f.).

162 Bei der Frage, ob eine Widerrufsbelehrung deutlich gestaltet i.S.d. § 355 BGB ist, kommt es gem. BGH (Urteil vom 31.10.2002, I ZR 132/00, abgedruckt in NJW-RR 2003, S.1481f.) auf den Zeitpunkt der Möglichkeit der Kenntnisnahme der Belehrung an, nicht auf die Zeit nach Vertragsschluss, während derer der Verbraucher seinen Widerruf ausüben kann.

163 Palandt/*Grüneberg*, § 312c Rn.5.

ternehmer gem. § 312c Abs.2 BGB zu übermitteln hat, in einem Text zusammengefasst werden.[164]

Ferner hat der deutsche Gesetzgeber in § 312d Abs.2 BGB eine ausdrückliche Regelung für Sukzessivlieferungsverträge[165] getroffen. Danach beginnt bei gleichartigen Leistungen die Widerrufsfrist nach der ersten Teillieferung, da der Verbraucher die Ware schon bei dieser ersten Lieferung in Augenschein nehmen und sich entscheiden kann, ob er an dem Vertrag festhalten möchte oder nicht. Dies gilt jedoch nur, wenn es sich um gleichartige Leistungen handelt.[166]

Die Beweislast für den Beginn der Widerrufsfrist, also den Zeitpunkt der Erfüllung der Informationspflicht, liegt gem. § 355 Abs.2 S.4 BGB beim Unternehmer. Die Fernabsatzrichtlinie hat diesbezüglich keine Regelung getroffen, sondern diese Entscheidung gem. Art.11 Abs.3 FARL den Mitgliedsstaaten überlassen. Nach Meinung des deutschen Gesetzgebers hat der Unternehmer diese Beweislast zu tragen, da der Verbraucher i.d.R. kaum die Möglichkeit hat, diesen Negativbeweis zu führen.[167]

2.3.1.6 Ende der Widerrufsfrist

Ist der Unternehmer seinen Informationspflichten aus § 312c Abs.2 BGB nicht nachgekommen, so fängt die Widerrufsfrist gem. § 312d Abs.2 BGB erst gar nicht zu laufen an. Erfüllt der Unternehmer seine Informationspflichten gem. § 312c Abs.2 BGB erst nach Abschluss des Vertrages, so endet gem. § 355 Abs.2 S.2 BGB die Widerrufsfrist nach einem Monat. Das Widerrufsrecht erlischt aber gem. § 355 Abs.3 S.1 BGB spätestens nach sechs Monaten, jedoch nur, wenn der Verbraucher ordnungsgemäß über sein Widerrufsrecht belehrt wurde.[168] Die sechsmonatige Frist findet somit nur Anwendung, wenn der Verbraucher zwar über sein Widerrufsrecht ordnungsgemäß aufgeklärt worden ist, der Unternehmer jedoch den anderen Informationspflichten des § 312c Abs.2 BGB i.V.m. § 1 BGB-InfoV nicht oder nur z.T. nachgekommen ist. Der Begriff spätestens bedeutet in diesem Zusammenhang, dass die Widerrufsfrist zwar früher erlöschen kann, aber in keinem Fall verlängert wird.[169] Bei Dienstleistungen kann – entsprechend der Vorgaben der Fernabsatzrichtlinie – das Widerrufsrecht gem. § 312d Abs.3 Nr.2 BGB auch erlöschen, wenn der Unternehmer

164 *Lütcke*, Fernabsatzrecht, § 312d Rn.45.

165 Bei einem Vertrag über ein „Willkommenspaket" und Ergänzungslieferungen im Drei-Wochen-Abstand mit jeweiligem Rückgaberecht handelt es sich gem. BGH (Urteil vom 03.07.2003, I ZR 270/01) um einen Sukzessivlieferungsvertrag und nicht um Einzelverträge über die Einzellieferungen.

166 Vgl. Begründung zum Entwurf des FernAG, BT-Drs.14/2658, S.43. Demnach werden die Verträge als ein einheitliches Vertragsverhältnis begriffen und lösen daher nur einmal Informationspflichten und Widerrufsrecht aus. Da die Lieferung bei solchen Verträgen in einzelnen Abschnitten erfolgt, ist der Beginn der Widerrufsfrist nicht eindeutig. Daher hat der deutsche Gesetzgeber einen Regelungsbedarf gesehen.

167 Begründung zum Entwurf des FernAG, BT-Drs.14/2658, S.43.

168 Ursprünglich ist das Widerrufsrecht nach sechs Monaten erloschen, unabhängig davon, ob eine ordnungsgemäße Belehrung über das Widerrufsrecht erfolgte oder nicht. Diese Beschränkung widersprach aber nach einem Urteil des EuGH vom 13.12.2001, (Rs.C-481/99, Heininger, Slg.2001, S.I-09945 ff., abgedruckt in NJW 2002, S.281 ff.) der Haustürwiderrufsrichtlinie. Dies hatte eine Änderung der Vorschrift über den Widerruf bei Verbrauchervorschriften zur Folge, indem § 355 Abs.3 BGB eingeführt wurde, der auch auf Fernabsatzverträge Anwendung findet. Siehe ausführlicher auch: *Artz*, Die Neuregelung des Widerrufsrechts bei Verbraucherverträgen, BKR 2002, S.603 ff.

169 Staudinger/*Thüsing* (2005), § 312d Rn.17.

mit deren Ausführung mit der ausdrücklichen Zustimmung des Verbrauchers vor Ende der Widerrufsfrist begonnen hat oder der Verbraucher diese Ausführung selbst veranlasst hat.[170]

2.3.1.7 Ausnahmen des Widerrufsrechts

Die Ausnahmen des Widerrufsrecht sind in § 312d Abs.4 BGB normiert und entsprechen den Vorgaben des Art.6 Abs.3 FARL.[171] Zusätzlich wird aber das Widerrufsrecht bei Versteigerung[172] ausgeschlossen.[173] Andere Ausnahmen vom Widerrufsrecht, als die in § 312d Abs.4 BGB vorgesehenen, sind grundsätzlich unzulässig.[174]

2.3.2 Rechtsfolgen des Widerrufs

Die Rechtsfolgen des Widerrufs und der Rückgabe sind in § 357 BGB geregelt, der auf die Vorschriften der §§ 346 ff. BGB über den gesetzlichen Rücktritt verweist.

2.3.2.1 Auswirkung des Widerrufsrechts

Das Widerrufsrecht ist ein gesetzliches Rücktrittsrecht und der Vertrag ist schwebend wirksam.[175] Obwohl dieser Vertrag erst nach Ablauf der Widerrufsfrist voll wirksam wird,[176] ist der Verbraucher an seine Willenserklärung gebunden und hat einen Erfüllungsanspruch gem. § 433 BGB.[177] Bei einem wirksamen Widerruf endet dieser Vertrag *ex nunc* und wird zu einem Rückgewährschuldverhältnis nach §§ 346 ff. umgewandelt, mit dem Ziel, den vor dem Schuldverhältnis bestehenden Zustand wieder herzustellen.[178] Daher sind die bisher empfangenen Leistungen Zug-um-Zug zurückzugewähren, wobei gem. § 346 Abs.1 BGB Sachen und Rechte in Natur zurückzugewähren sind und für Dienstleistung ein Wertersatz zu leisten ist.[179]

Ist die Herausgabe einer empfangenen Leistung nicht möglich, so wird dadurch das Rücktrittsrecht nicht ausgeschlossen. Der Rückgewähranspruch verwandelt sich in solchen Fällen in einen Anspruch auf Wertersatz, es sei denn, es liegen die Vor-

---

170 Palandt/*Grüneberg*, § 312d Rn.7a.

171 Das Widerrufsrecht des Verbrauchers wird gem. § 312d Abs.4 Nr.1 BGB (Anfertigung nach Kundenspezifikation) nicht ausgeschlossen, wenn die auf Bestellung des Verbrauchers zu liefernde Ware aus vorgefertigten Standardbauteilen zusammengefügt wurde und mit geringem Aufwand ohne Beeinträchtigung der Funktionsfähigkeit wieder getrennt werden kann (Urteil des BGH vom 19.03.2003, VIII ZR 295/01, abgedruckt in NJW 2003, S.1665 ff.).

172 Siehe dazu: 2.Teil, II.2.1.3 (S.37 f.).

173 Ausführlicher zu den Ausnahmen des Widerrufsrechts siehe auch: Palandt/*Grüneberg*, § 312d Rn.8 ff.; Staudinger/*Thüsing* (2005), § 312d Rn.42 ff.; *Aigner/Hofmann*, Fernabsatzrecht im Internet, Rn.97 ff.

174 Urteil des LG Waldshut-Tiengen vom 07.07.2003, 3 O 22/03 KfH. Insb. darf das Widerrufsrecht nicht von der Rücksendung in der Originalverpackung abhängig gemacht werden. (Siehe u.a. LG Stuttgart, Urteil vom 29.05.2006, 37 O 44/06 KfH; LG Düsseldorf, Urteil vom 17.05.2006, 12 O 496/05). Eine entsprechend formulierte Widerrufsbelehrung ist unwirksam (so u.a. LG Coburg, Urteil vom 09.03.2006, 1 HK O 95/05).

175 Palandt/*Grüneberg*, § 355 Rn.4.

176 *Meub*, Fernabsatz und E-Commerce nach neuem Recht, DB 2002, S.359, 361.

177 Palandt/*Grüneberg*, § 355 Rn.4; *Bülow/Artz*, Fernabsatzverträge und Strukturen eines Verbraucherprivatrechts im BGB, NJW 2000, 2149, 2151; *Rünz*, Verbraucherschutz im Fernabsatz, S.135.

178 Palandt/*Grüneberg*, § 357 Rn.2 und § 346 Rn.6.

179 Palandt/*Grüneberg*, § 346 Rn.5.

aussetzungen des § 346 Abs.3 BGB vor.[180] Bei der Berechnung des Wertersatzes wird gem. § 346 Abs.2 BGB der Kaufpreis der im Vertrag bestimmten Gegenleistung zu Grunde gelegt.[181]

Der Verbraucher ist gem. § 357 Abs.2 S.1 BGB zur Rücksendung der Sache verpflichtet, sofern sie als Paket versendet werden kann.[182] Die Rücksendung erfolgt dabei gem. § 357 Abs.2 S.2 BGB grundsätzlich auf Kosten und Gefahr des Unternehmers. Dieser kann jedoch gem. § 357 Abs.2 S.3 BGB dem Verbraucher die Rücksendekosten bei einem Warenwert von bis zu 40 Euro vertraglich auferlegen, wobei nicht der Wert der insgesamt bestellten Ware, sondern alleine der Wert der zurückgesandten Ware ausschlaggebend ist.[183] Außerdem können bei einem Wert der Waren über 40 Euro dem Verbraucher vertraglich die Kosten der Rücksendung auferlegt werden, sofern dieser die Gegenleistung oder eine Teilzahlung zum Zeitpunkt des Widerrufs noch nicht erbracht hat. Die Kosten der Rücksendung können dem Verbraucher aber nicht auferlegt werden, wenn es sich bei der gelieferten Ware um eine Falschlieferung handelt.[184]

Bezüglich der Erstattung von Zahlungen finden gem. § 357 Abs.2 S.2 BGB die Regelungen des § 286 Abs.3 BGB Anwendung. Somit gerät der Unternehmer automatisch 30 Tage nach der Widerrufs- oder Rückgabeerklärung des Verbrauchers in Verzug. Dieser kann jedoch auch durch Mahnung nach Fälligkeit herbeigeführt werden.[185]

2.3.2.2 Haftung des Verbrauchers

Falls der Verbraucher die Sache, die er aufgrund des Widerrufs zurückgewähren muss, genutzt hat, so muss er dem Unternehmer gem. § 346 Abs.1 BGB einen Nutzungsersatz bis zur Ausübung des Widerrufsrecht vergüten.

Ist bei der zurückzugebenden Sache eine Verschlechterung[186] eingetreten oder ist sie untergegangen, so hat der Verbraucher gem. § 346 Abs.2 Nr.3 BGB verschuldensunabhängig Wertersatz zu leisten. Die in § 346 Abs.3 S.1 Nr.3 geregelte Ausnahme greift in diesem Fall gem. § 357 Abs.3 S.3 BGB nicht. Damit wird dem Verbraucher grundsätzlich das Zufallsrisiko aufgebürdet.[187] Wurde aber der Verbraucher nicht ordnungsgemäß belehrt oder hat er nicht in anderer Weise davon Kenntnis erlangt, dann haftet er gem. § 357 Abs.3 S.3 BGB nur für Vorsatz und Fahrlässigkeit.

---

180 Vgl. *Lorenz*, Schuldrechtsreform 2002, NJW 2005, S.1889, 1892. Ihm zufolge treten diese Wertersatztatbestände aber erst dann an die Stelle des Rückgewähranspruchs *in natura*, wenn der Rückgewährschuldner hiervon nach § 275 BGB befreit ist.

181 Palandt/*Grüneberg*, § 346 Rn.10.

182 Vgl. Palandt/*Grüneberg*, § 356 Rn.9. Demnach können Sachen, die mehr als 20 kg wiegen, nicht als Postpaket versendet werden.

183 *Rühl*, Die Kosten der Rücksendung bei Fernabsatzverträgen, EuZW 2005, S.199, 200; Palandt/*Grüneberg*, § 357 Rn.6.

184 Kritisch zu der Regelung der Rücksendekosten: *Rühl*, Die Kosten der Rücksendung bei Fernabsatzverträgen, EuZW 2005, S.199 ff.

185 *Tonner*, Das neue Fernabsatzgesetz, BB 2000, S.1413, 1415.

186 Vgl. *Wilmer/Hahn*, S.421, Rn.17. Demnach ist eine Verschlechterung gegeben, wenn die Substanz oder Funktionsfähigkeit einer Sache nachhaltig beeinträchtigt wird.

187 Vgl. *Grigoleit*, Besondere Vertriebsformen im BGB, NJW 2002, S.1151, 1154. Ihm zufolge ist diese Abweichung von der Gefahrtragung beim gesetzlichen Rücktritt gerechtfertigt, weil der Unternehmer beim Widerruf den Grund für die Rückabwicklung grundsätzlich nicht zu verantworten hat und das Widerrufsrecht im Übrigen bei ordnungsgemäßer Belehrung wertungsmäßig dem vertraglichen Rücktrittsrecht entspricht.

Der Verbraucher hat gem. § 357 Abs.3 BGB abweichend von § 346 Abs.2 S.1 Nr.3 BGB auch Ersatz für die Wertminderung zu leisten, die durch eine bestimmungsgemäße Ingebrauchnahme eingetreten ist. Er muss aber spätestens bei Vertragsschluss in Textform auf diese Rechtsfolge und auf die Möglichkeit, sie zu vermeiden, hingewiesen worden sein.[188] Ist die Verschlechterung ausschließlich auf die Prüfung der Sache zurückzuführen, dann hat der Verbraucher gem. § 357 Abs.3 S.2 BGB keinen Wertersatz zu leisten, da eine normale Warenprüfung keine bestimmungsgemäße Ingebrauchnahme ist.[189]

In § 357 Abs.4 BGB werden alle weitergehende Ansprüche wie beispielsweise aus §§ 280, 823 oder 812 BGB ausgeschlossen.

2.3.2.3 Richtlinienkonformität der Haftung des Verbrauchers?

Frag ich jedoch ist, inwieweit diese Haftung des Verbrauchers Ziel und Zweck der Fernabsatzrichtlinie entspricht bzw. ob eine richtlinienkonforme Umsetzung vorliegt.

Aus dem Erwägungsgrund (14) FARL ergibt sich, dass der europäische Gesetzgeber die Haftung des Verbrauchers für Wertminderung und Nutzung nicht ausschließen will, sondern die Regelung der weiteren Bedingungen und Einzelheiten den einzelnen Mitgliedsstaaten überlässt.[190] Allerdings darf nach Art.6 Abs.1 S.1 FARL das Widerrufsrecht nicht mit einer Strafzahlung verbunden sein. Auch dürfen gem. Art.6 Abs.2 S.2 FARL die einzigen Kosten, die einem Verbraucher im Falle eines Widerrufs auferlegt werden können, die unmittelbaren Kosten der Rücksendung sein.

Bei einer Strafzahlung handelt es sich um einen Pauschalbetrag, der für eine Handlung, nämlich das Ausüben des Widerrufsrechts, erhoben wird.[191] Eine Nutzungsentschädigung ist aber von der Nutzung der Waren durch den Verbraucher abhängig und fällt nicht durch die Ausübung des Widerrufsrechts an. Daher liegen hier weder eine Strafzahlung,[192] noch Kosten, die durch das Ausüben des Widerrufsrechts anfallen, vor.[193]

Auch der Wertersatz bei Untergang oder Beschädigung ist von der Wertminderung abhängig und fällt nicht durch die Ausübung des Widerrufsrechts an. Er stellt daher ebenso weder eine Strafzahlung,[194] noch Kosten, die infolge der Ausübung des Widerrufsrechts entstanden sind,[195] dar.

---

[188] Laut *Grigoleit*, Besondere Vertriebsformen im BGB, NJW 2002, S.1151, 1154, ist diese Regelung sachgerecht, da der Verbraucher den Eintritt des besonderen Wertverlusts vor seiner endgültigen Entscheidung ohne weiteres vermeiden kann. Der Verbraucher wird durch die Belehrungspflicht vor einer ungewollten Auslösung der Rechtsfolgen von § 357 Abs.3 S.1 BGB geschützt.

[189] *Grigoleit*, Besondere Vertriebsformen im BGB, NJW 2002, S.1151, 1154; Palandt/*Grüneberg*, § 357 Rn.11.

[190] *Heinrichs* in FS für Medicus, S.194; *Rünz*, Verbraucherschutz im Fernabsatz, S.145.

[191] *Rünz*, Verbraucherschutz im Fernabsatz, S.143.; Staudinger/*Kaiser* (2004), § 357 Rn.40.

[192] Staudinger/*Kaiser* (2004), § 357 Rn.40; *Heinrichs* in FS für Medicus, S.194; *Brönneke*, Abwicklungsprobleme beim Widerruf von Fernabsatzgeschäften, MMR 2004, S.128, 132; *Rünz*, Verbraucherschutz im Fernabsatz, S.144; *Gößmann*, Electronic Commerce, MMR 1998, S.88, 91.

[193] *Rünz*, Verbraucherschutz im Fernabsatz, S.144; *Brönneke*, Abwicklungsprobleme beim Widerruf von Fernabsatzgeschäften, MMR 2004, S.128, 132; a.A.: *Dötsch*, Verschärfte Verbraucherhaftung beim Widerruf?, NJW 2003, S.187; *Gößmann*, Electronic Commerce, MMR 1998, S.88, 91; MünchKommBGB/*Wendehorst* Bd.2a, § 312d Rn.10.

[194] *Rünz*, Verbraucherschutz im Fernabsatz, S.144; Staudinger/*Kaiser* (2004), § 357 Rn.31.

[195] *Rünz*, Verbraucherschutz im Fernabsatz, S.144 f.; *Grigoleit*, Besondere Vertriebsformen im BGB, NJW 2002, S.1151, 1154 f.; Staudinger/*Kaiser* (2004), § 357 Rn.31; Palandt/*Grüneberg*, § 357

Fraglich ist jedoch, ob der Wertersatz aufgrund bestimmungsgemäßer Ingebrauchnahme gem. § 357 Abs.3 S.1 BGB richtlinienkonform ist. Mit dem Widerrufsrecht soll dem Verbraucher der Nachteil ausgeglichen werden, dass er die Ware vor Vertragsabschluss nicht in Augenschein nehmen kann. Da gem. § 357 Abs.3 S.2 BGB für eine Prüfung der Ware kein Wertersatz zu leisten ist, verstößt diese Haftung des Verbrauchers nicht gegen die Fernabsatzrichtlinie.[196]

Problematisch könnte jedoch die Berechnung des Wertersatzes sein, da dabei gem. § 346 Abs.2 S.2 BGB die vertragliche Gegenleistung zu Grunde gelegt werden muss. Mit dieser Formulierung wird ermöglicht, den Wertersatz einer mangelhaften Ware, die untergegangen ist oder beschädigt wurde, zu mindern. Andererseits muss ein Verbraucher bei überteuerten Produkten, die untergegangen sind oder beschädigt wurden, Wertersatz in Höhe des vollen Kaufpreises leisten. Ein entsprechendes Problem ergibt sich auch bei Dienstleistungen, die aufgrund ihrer Beschaffenheit nicht zurückgewährt werden können.[197] In beiden Fällen wird das Widerrufsrecht des Verbrauchers wirtschaftlich wertlos. In der Literatur wird deswegen z.T. die Auffassung vertreten, dass dies mit dem Zweck des Widerrufsrechts unvereinbar ist. Daher bedarf es diesbezüglich einer teleologischen Reduktion mit der Folge, dass bei einem Verbraucherwiderruf kein Wertersatz gem. § 346 Abs.2 S.2 BGB, sondern nur eine Verpflichtung zur Ersetzung des objektiven Werts besteht.[198] Es wird in der Literatur aber auch die Meinung vertreten, dass die oben aufgeführte Auffassung keine Stütze im Gesetz findet. Außerdem war dem deutschen Gesetzgeber die den vorherigen Verbraucherschutzgesetzen vorausgegangene Rechtsprechung und Literatur bekannt, so dass er, wenn dies seinem Willen entsprochen hätte, eine entsprechende Regelung getroffen hätte.[199] Eine endgültige Rechtssicherheit wird jedoch in dieser Frage erst durch ein einschlägiges Urteil des EuGH entstehen.

2.3.3 Rückgaberecht

Ein Unternehmer kann bei der Lieferung von Waren gem. §§ 312d Abs.1 S.2 BGB spätestens im Zeitpunkt des Vertragsabschlusses anstelle des Widerrufs- ein Rückgaberecht vertraglich vereinbaren. Diese Ersetzung des Widerrufsrechts ist gem. § 356 BGB nur unter den Voraussetzungen möglich, dass:

- der Vertrag aufgrund eines qualifizierten Verkaufsprospekts erfolgte,
- im Verkaufsprospekt eine deutlich gestaltete Belehrung über das Rückgaberecht enthalten war,
- der Verbraucher den Verkaufsprospekt in Abwesenheit des Unternehmers eingehend zur Kenntnis nehmen konnte und
- dem Verbraucher das Rückgaberecht in Textform eingeräumt wurde.

Rn.14; a.A.: *Brönneke*, Abwicklungsprobleme beim Widerruf von Fernabsatzgeschäften, MMR 2004, S.128, 132.

[196] *Rünz*, Verbraucherschutz im Fernabsatz, S.145 f.; Palandt/*Grüneberg*, § 357 Rn.14; a.A.: AnwKom-*Ring*, § 357 Rn.41 ff.; MünchKommBGB/*Ulmer* Bd.2a, § 357 Rn.5.

[197] *Dötsch*, Verschärfte Verbraucherhaftung beim Widerruf?, NJW 2003, S.187, 188; *Heinrichs* in FS für Medicus, S.195.

[198] *Grigoleit*, Besondere Vertriebsformen im BGB, NJW 2002, S.1151, 1154; *Dötsch*, Verschärfte Verbraucherhaftung beim Widerruf?, NJW 2003, S.187; nach Palandt/*Grüneberg*, §357 Rn.15, hat ein Unternehmer infolge des wirksamen Widerrufs keinen Anspruch auf Gewinn.

[199] *Aigner/Hofmann*, Fernabsatzrecht im Internet, Rn.133; ebenso eine richtlinienkonforme Umsetzung bejahend: Staudinger/*Kaiser* (2004), § 357 Rn.31; *Lorenz*, Schuldrechtsreform 2002, NJW 2005, S.1889, 1893; MünchKommBGB/*Ulmer* Bd.2a, § 357 Rn.20.

Da gem. § 356 Abs.2 S.2 BGB die Regelungen des § 355 Abs.1 S.2 BGB auf das Rückgaberecht entsprechend Anwendung finden, beträgt die Widerrufsfrist auch hier zwei Wochen; zur Wahrung dieser Frist genügt das rechtzeitige Absenden. Im Gegensatz zum Widerrufsrecht erfolgt das Rückgaberecht gem. § 356 Abs.2 BGB dagegen ausschließlich durch die Rücksendung der Ware. Kann diese nicht als Paket versendet werden, so wird das Rückgaberecht durch ein Rücknahmeverlangen des Verbrauchers in Textform ausgeübt.

Fraglich jedoch ist, ob die Möglichkeit, statt dem Widerrufsrecht ein Rückgaberecht einzuräumen, eine richtlinienkonforme Umsetzung der Fernabsatzrichtlinie darstellt. Wie bereits erwähnt, wurde den Mitgliedsstaaten bei der Umsetzung des Widerrufsrechts ein weiter Spielraum eingeräumt. Ob der Verbraucher sich durch Erklärung oder durch Rücksenden der Ware vom Vertrag lösen kann, ist in der Richtlinie nicht festgelegt worden.[200] Da das Mindestschutzniveau der Fernabsatzrichtlinie trotz dieser Regelung nicht unterschritten wird, ist diese Umsetzung richtlinienkonform.[201]

2.3.4 Rechtsfolgen des Rückgaberechts

Die Rechtsfolgen des Rückgaberechts entsprechen denen des Widerrufs in § 357 BGB, außer dass der Verbraucher vorleistungspflichtig ist und ihm keine Kosten für die Rücksendung gem. § 357 Abs.2 S.3 BGB auferlegt werden dürfen.

2.3.5 Verbundene Verträge

Bei sog. verbundenen Verträgen handelt es sich gem. § 358 Abs.3 S.1 BGB um Verträge über die Lieferung einer Ware oder die Erbringung einer anderen Leistung, die mit einem Verbraucherdarlehensvertrag derart verbunden sind, dass das Darlehen ganz oder teilweise der Finanzierung dieses Vertrages dient und beide Verträge eine wirtschaftliche Einheit bilden. Diese ist gem. § 358 Abs.3 S.2 BGB insb. dann anzunehmen, wenn der Unternehmer selbst die Gegenleistung des Verbrauchers finanziert, oder im Falle der Finanzierung durch einen Dritten, wenn der Darlehensgeber bei der Vorbereitung oder dem Abschluss des Verbraucherdarlehensvertrags sich der Mitwirkung des Unternehmers bedient.

Entsprechend den Vorgaben des Art.6 Abs.4 FARL erstreckt sich der Widerruf eines Verbrauchervertrages gem. § 358 Abs.1 BGB auch auf den verbundenen Verbraucherdarlehensvertrag. Somit ist auch der verbundene Vertrag nach § 358 Abs.4 i.V.m. §§ 357, 346 ff. BGB rückabzuwickeln.

2.4 Weitere verbraucherschützende Maßnahmen

Die weiteren verbraucherschützenden Maßnahmen der Fernabsatzrichtlinie wurden vom deutschen Gesetzgeber nicht im FernAG bzw. in den §§ 312 b ff. BGB umgesetzt, sondern sie wurden – sofern nach Meinung des deutschen Gesetzgebers Klarstellungs- oder Umsetzungsbedarf bestand – entsprechend der Rechtssystematik im BGB oder UWG umgesetzt.

---

[200] Laut dem deutschen Gesetzgeber in der Begründung zum Entwurf des FernAG, BT-Drs.14/2658, S.44, ist die Erschwerung der Ausübung des Widerrufsrechts durch die Beschränkung auf das Rücksenden der Ware richtlinienkonform, da der Verbraucher im Gegenzug eine Besserstellung erfährt, indem ihm die Rücksendekosten nicht auferlegt werden können. Laut *Rünz*, Verbraucherschutz im Fernabsatz, S.151, ist dem nicht zuzustimmen, da eine Abweichung von den Vorgaben einer Richtlinie nicht durch die Besserstellung an einer anderen Stelle ausgeglichen werden kann.

[201] *Rünz*, Verbraucherschutz im Fernabsatz, S.151.

2.4.1 Vertragsdurchführung

2.4.1.1 Erfüllungspflicht

Bezüglich Art.7 Abs.1 FARL bestand nach Meinung des deutschen Gesetzgebers kein Umsetzungsbedarf, da gem. § 271 Abs.1 BGB eine Leistung im Zweifel sofort fällig ist. Die Leistungszeit kann von den Parteien grundsätzlich frei vereinbart werden. Außerdem sind der Vertragsfreiheit der Parteien durch § 308 Nr.1 BGB insofern Grenzen gesetzt, dass der Verbraucher vor der Vereinbarung einer unangemessen langen oder nicht hinreichend bestimmten Frist für die Erbringung einer Leistung geschützt wird. Damit ist das deutsche Recht bereits *de lege lata* strenger, als es die Regelung der Fernabsatzrichtlinie vorsieht.[202]

2.4.1.2 Nichtverfügbarkeit der Leistung

Bei der vertragswidrigen Nichterfüllung gem. Art.7 Abs.2 FARL bestand ebenfalls kein Umsetzungsbedarf. Die §§ 280 ff. BGB gewähren in diesen Fällen Rücktrittsmöglichkeiten und Schadensersatzansprüche. Diese sind gem. § 271 BGB sofort fällig und nicht wie in Art.7 Abs.2 FARL erst nach 30 Tagen. Somit führen die allgemeinen schuldrechtlichen Regelungen des BGB im Falle einer Nichterfüllung des Vertrages wegen Unmöglichkeit oder Verzug zu in der Sache günstigeren Ergebnissen als die Regelungen der Fernabsatzrichtlinie.[203]

Im deutschen Recht ist aber eine Pflicht des Unternehmers, den Verbraucher über die Nichtverfügbarkeit der Leistung zu informieren, nicht normiert. Der deutsche Gesetzgeber vertritt jedoch die Meinung, dass die §§ 320 ff. BGB zutreffend davon ausgehen, „dass der Gläubiger die Nichterfüllung als Vertragsverletzung selbst erkennt, wenn die vertraglich unbedingt geschuldete Leistung zu dem vereinbarten oder gesetzlich vorgegebenen Zeitpunkt nicht geliefert wird."[204] Im Falle einer Vertragsverletzung durch Nichterfüllung ist daher eine zusätzliche Unterrichtung überflüssig.[205]

Für den Fall des vertraglichen Leistungsvorbehalts des Unternehmers hat der Gesetzgeber durch die Einführung von § 308 Nr.8 BGB reagiert. Danach ist ein nach § 308 Nr.3 BGB zulässiger Selbstbelieferungsvorbehalt nur wirksam, wenn der Verwender sich gleichzeitig verpflichtet, den Vertragspartner unverzüglich, also gem. § 121 BGB ohne schuldhaftes Zögern, über die Nichtverfügbarkeit zu informieren und ihm Gegenleistungen unverzüglich zu erstatten.[206]

2.4.1.3 Änderungsvorbehalt

Obwohl die Rechtslage in Deutschland unter Berücksichtigung des Transparenzgebots sowie von § 308 Nr.4 BGB (§ 10 Nr.4 AGBG a.F.) grundsätzlich den Vorgaben

---

[202] Begründung zum Entwurf des FernAG, BT-Drs.14/2658, S.18; ebenso: *Lorenz*, Im BGB viel Neues, JuS 2000, S.833, 840; *Dilger*, Verbraucherschutz bei Vertragsabschlüssen im Internet, S.106.

[203] Begründung zum Entwurf des FernAG, BT-Drs.14/2658, S.18 f.

[204] Begründung zum Entwurf des FernAG, BT-Drs.14/2658, S.19.

[205] *Dilger*, Verbraucherschutz bei Vertragsabschlüssen im Internet, S.108, *Lorenz*, Im BGB viel Neues, JuS 2000, S.833, 840; a.A.: *Schulte-Nölke/Börger*, Fernabsatzrichtlinie (97/7), S.526. Ihm zufolge stellt diese fehlende Verpflichtung zur Unterrichtung des Verbrauchers darüber, dass bestellte Waren oder Dienstleistungen nicht verfügbar sind, ein Umsetzungsdefizit des deutschen Gesetzgebers dar.

[206] Begründung zum Entwurf des FernAG, BT-Drs.14/2658, S.19; siehe auch: *Lorenz*, Im BGB viel Neues, JuS 2000, S.833, 840.

des Art.7 Abs.3 FARL entspricht, sah der deutsche Gesetzgeber diesbezüglich einen Klarstellungsbedarf.[207]

Durch § 308 Nr.4 BGB ist eine solche Vereinbarung dahingehend begrenzt, dass sie nur zulässig ist, wenn sie unter Berücksichtigung der Interessen des Verwenders dem Verbraucher zumutbar ist. Für den Fall, dass sich die Informationspflichten des Unternehmers nicht aus dem Transparenzgebot gem. § 305 BGB ergeben, wurden sie in § 312c BGB i.V.m. § 240 EGBGB, §1 Abs.1 Nr.6 BGB-InfoV normiert.[208]

2.4.2 Kreditkartenmissbrauch

Da sich im deutschen Recht bereits aus den allgemeinen Regeln – insb. aus den Regelungen des Vertragsrechts – ein entsprechender Schutz des Kreditkarteninhabers ergibt, hat der Gesetzgeber bei der Umsetzung von Art.8 FARL nur einen eingeschränkten Umsetzungsbedarf gesehen. Damit jedoch eine ausdrückliche gesetzliche Regelung besteht, hat der deutsche Gesetzgeber den § 676h BGB eingeführt.[209] Anders als in der Fernabsatzrichtlinie werden durch § 676h BGB nicht nur Missbräuche im Fernabsatz, sondern Missbräuche schlechthin erfasst.[210] Daher kann eine Bank bzw. ein Kartenaussteller vom Kreditkarteninhaber nur dann Aufwendungsersatz, d.h. Zahlung der verauslagten Beträge aus den §§ 675 Abs.1, 670 BGB, verlangen, wenn dieser nicht durch die missbräuchliche Verwendung der Karte durch Dritte entstanden ist. Unter einer missbräuchlichen Verwendung einer Karte versteht man jede nicht durch die ordnungsgemäße, vorherige Weisung des Kunden gedeckte Nutzung der Zahlungskarte.[211]

Die Bank bzw. das Kreditunternehmern muss auf die Behauptung des Kunden hin, seine Karte sei missbräuchlich verwendet worden, das Gegenteil beweisen und trägt somit das Fälschungs- und Missbrauchsrisiko.[212]

2.4.3 Unbestellt zugesandte Waren oder Dienstleistungen

Art.9 FARL verpflichtet die Mitgliedsstaaten dazu, die mit einer Zahlungsaufforderung verbundene Lieferung unbestellter Waren und die Erbringung unbestellter Dienstleistungen zu unterbinden (Art.9 SpStr.1 FARL) und dafür Sorge zu tragen, dass den Empfänger unbestellter Waren und Dienstleistungen keinerlei Gegenleistungspflicht trifft (Art.9 SpStr.2 FARL).

Der deutsche Gesetzgeber hat bzgl. der Unterbindung einer mit einer Zahlungsaufforderung verbundenen Lieferung unbestellter Waren bzw. der Erbringung unbestellter Dienstleistungen nach Art.9 SpStr.1 FARL keinen Umsetzungsbedarf gesehen, sondern sich auf die ständige Rechtsprechung des BGH zur Generalklausel des § 1 UWG a.F. berufen, die eine solche Umsetzung erübrige.[213] Seit der Novellierung

---

207 Begründung zum Entwurf des FernAG, BT-Drs.14/2658, S.19.

208 Begründung zum Entwurf des FernAG, BT-Drs.14/2658, S.19; so auch: *Lorenz*, Im BGB viel Neues, JuS 2000, S.833, 840.

209 Begründung zum Entwurf des FernAG, BT-Drs.14/2658, S.19; *Lorenz*, Im BGB viel Neues, JuS 2000, S.833, 843; *Tonner*, Das neue Fernabsatzgesetz, BB 2000, S.1413, 1418.

210 Begründung zum Entwurf des FernAG, BT-Drs.14/2658, S.49; Palandt/*Sprau*, Vorbem. § 676a bis 676h Rn.3.

211 Begründung zum Entwurf des FernAG, BT-Drs.14/2658, S.20; ebenso: Palandt/*Sprau*, § 676h Rn.19; *Lorenz*, Im BGB viel Neues, JuS 2000, S.833, 843.

212 Begründung zum Entwurf des FernAG, BT-Drs.14/2658, S.21; Palandt/*Sprau*, § 676h Rn.21; *Lorenz*, Im BGB viel Neues, JuS 2000, S.833, 843.

213 Begründung zum Entwurf des FernAG, BT-Drs.14/2658, S.23.

des Gesetzes gegen den unlauteren Wettbewerb (UWG) vom 03.07.2004[214], das am 08.07.2004 in Kraft getreten ist, stellt die Zusendung unbestellter Waren oder Dienstleistungen gem. § 7 UWG eine unzumutbare Belästigung dar. Sie ist somit eine unlautere Wettbewerbshandlung, die gem. § 3 UWG unzulässig ist.[215]

Bezüglich der Befreiung des Verbrauchers von jedweder Gegenleistung gem. Art.9 SpStr.2 FARL sah der deutsche Gesetzgeber einen Klarstellungsbedarf.[216] Aufgrund der verbraucherschützenden Gesamtintention der Richtlinie ist der deutsche Gesetzgeber von einer weiten Auslegung des Gegenleistungsbegriffs ausgegangen.[217] Da es nach der damaligen Rechtslage bei der Lieferung von unbestellten Waren oder Dienstleistungen zwar keine vertraglichen, aber unter Umständen gesetzliche Ansprüche des Unternehmers gegen den Verbraucher gab, wurde § 241a BGB eingeführt.[218] Dieser stellt klar, dass die Zusendung unbestellter Waren bzw. Erbringung unbestellter Dienstleistungen weder vertragliche noch gesetzliche Ansprüche – wie z.B. Herausgabe- oder Nutzungsersatzansprüche des Unternehmers gegen den Verbraucher – auslöst.[219] Natürlich steht es dem Verbraucher weiterhin zu, durch eine ausdrückliche oder konkludente Annahmeerklärung einen Vertrag abzuschließen. Jedoch ist allein durch den Gebrauch der Ware im Zweifel keine solche Annahme zu sehen.[220]

Ausnahmsweise liegen gesetzliche Ansprüche aber vor, wenn es sich um eine für den Verbraucher erkennbare irrtümliche Leistung (§ 241a Abs.2 BGB) oder um eine Ersatzlieferung (§ 241a Abs.3 BGB) handelt.[221]

2.4.4 Beschränkung in der Verwendung bestimmter Fernkommunikationstechniken

Ebenso wie bei unbestellt zugesandten Waren oder Dienstleistungen hat der deutsche Gesetzgeber auch in diesem Fall keinen Umsetzungsbedarf gesehen, da zum damaligen Zeitpunkt nach ständiger Rechtsprechung unaufgeforderte Telefon- und Telefaxwerbung gegen § 1 UWG a.F. verstießen, so dass insoweit bereits eine opt-in-Lösung bestand.[222]

Nun liegt bei Werbung[223] mit Telefonanrufen (§ 7 Abs.2 Nr.2 UWG) sowie bei Werbung unter Verwendung von automatischen Anrufmaschinen, von Faxgeräten oder elektronischer Post (§ 7 Abs.2 Nr.3 UWG), die ohne Einverständnis des

---

214 BGBl. I 2004, S.1414 ff.

215 Siehe dazu ausführlicher: Baumbach/Hefermehl/*Köhler*, § 7 UWG Rn.132 ff.

216 Begründung zum Entwurf des FernAG, BT-Drs.14/2658, S.23.

217 Vgl. Begründung zum Entwurf des FernAG, BT-Drs.14/2658, S.23. Nach Meinung des deutschen Gesetzgebers ist in Art.9 FARL mit einer Freistellung von „jedweder Gegenleistung" nicht nur die zivilrechtliche Gegenleistung gemeint.

218 Gegen die Regelungen des § 241a BGB werden in der Literatur z.T. privatrechtliche und verfassungsrechtliche Bedenken erhoben. Siehe dazu ausführlicher: Staudinger/*Olzen* (2005), § 241a Rn.10 ff.

219 Palandt/*Heinrichs*, § 241a Rn.7; *Lorenz*, Im BGB viel Neues, JuS 2000, S.833, 841; Staudinger/*Olzen* (2005), § 241a Rn.29 ff.

220 *Lorenz*, Im BGB viel Neues, JuS 2000, S.833, 841.

221 Ausführlicher zur bürgerrechtlichen Bewertung des § 241a BGB siehe auch: Staudinger/*Olzen* (2005), § 241a Rn.20 ff.; Palandt/*Heinrichs*, § 241a Rn.1 ff.

222 Begründung zum Entwurf des FernAG, BT-Drs.14/2658, S.24.

223 Vgl. Baumbach/Hefermehl/*Köhler*, § 2 Rn.49. Demnach ist unter Werbung eine irgendwie geartete Äußerung gegenüber Dritten mit dem Ziel der Absatzförderung zu verstehen.

Verbrauchers erfolgt, eine unzumutbare Belästigung vor, die gem. § 3 UWG unzulässig ist.[224]

Ferner liegt gem. § 7 Abs.2 Nr.1 UWG eine unzumutbare Belästigung vor, wenn der Empfänger die Werbung nicht wünscht. Diese Regelung bezieht sich dabei auf Individualwerbung, d.h. auf Werbung, die gezielt gegenüber einer Person vorgenommen wird.[225] Beispiele dafür sind Briefkastenwerbung, Gratisblätter oder Briefwerbung.[226]

In Deutschland ist also in Bezug auf Werbung mit Telefonanrufen, Werbung unter Verwendung von automatischen Anrufmaschinen und von Faxgeräten sowie bei elektronischer Werbepost eine opt-in-Lösung geregelt. Bei sonstigen Werbebotschaften ist zumindest eine opt-out-Lösung vorgesehen.

2.4.5 Rechtsbehelfe bei Gericht oder Verwaltungsbehörden

Der deutsche Gesetzgeber sah bei Art.11 FARL nur einen eingeschränkten Umsetzungsbedarf. Zum damaligen Zeitpunkt war im deutschen Prozessrecht eine Verbandsklage nur ausnahmsweise zugelassen[227] und fand nur auf Teile der Fernabsatzrichtlinie Anwendung. Daher war das bisherige Verbandsklagerecht nicht ausreichend.[228]

Zusammen mit der Umsetzung der Richtlinie 98/27/EG vom 19.05.1998[229] über Unterlassungsklagen zum Schutz der Verbraucherinteressen erfolgte daher eine Anpassung von § 13 Abs.2 AGBG a.F. und die Schaffung von § 22 und § 22a AGBG a.F.,[230] womit der deutsche Gesetzgeber den Anforderungen von Art.11 FARL genügte.[231]

2.5 Unabdingbarkeit und das sog. Richtlinien-IPR

Die Vorgaben des Art.12 Abs.1 FARL setzte der deutsche Gesetzgeber um, indem er § 312f BGB normierte, der die in Verbraucherschutzgesetzen übliche Regelung über die Unabdingbarkeit sowie über das Umgehungsverbot enthält.

Bezüglich Art.12 Abs.2 FARL sah der deutsche Gesetzgeber einen Klarstellungsbedarf, da die bestehenden Regelungen des deutschen Internationalen Privatrechts (IPR) und insb. die Artt.29 und 34 EGBGB die Vorgaben der Fernabsatzrichtlinie nicht vollständig umsetzten.[232] Er führte daher mit Art.29a EGBGB eine neue Kollisionsnorm ein, mit der der Mindeststandard des Verbraucherschutzes, der in den in Art.29a Abs.4 EGBGB aufgezählten Richtlinien vorgesehenen wurde, auch gegen-

---

[224] Siehe dazu ausführlicher: Baumbach/Hefermehl/*Köhler*, § 7 UWG Rn.32 ff.

[225] Vgl. Baumbach/Hefermehl/*Köhler*, § 7 UWG Rn.16.

[226] Siehe dazu ausführlicher: Baumbach/Hefermehl/*Köhler*, § 7 UWG Rn.21 ff.

[227] Verbandsklagen waren unter den Voraussetzungen des § 13 AGBG a.F. und § 13 UWG a.F. möglich.

[228] Begründung zum Entwurf des FernAG, BT-Drs.14/2658, S.27 f.

[229] ABl. EG Nr. L 166 v. 11.06.1998, S.51.

[230] Ausführlich zu diesen Vorschriften: *Micklitz*, Die Rechtsbruchklage nach § 22 AGBG, sowie: *Brönneke*, Die Neuregelung der Klagebefugnis. Die Bedeutung des Eintrags in die Liste klagebefugter Verbraucherverbände nach § 22a AGBG, in: Brönneke, Kollektiver Rechtsschutz im Zivilprozess, S.87 ff. bzw. S.75 ff. Diese Vorschriften sind jetzt in den §§ 1, 2 und 4 Abs.1 Nr.1 UklaG normiert.

[231] Eine detaillierte Aufstellung der Klagebefugnisse findet sich bei Roßnagel/*Brönneke*, §§ 312b ff. BGB, Rn.72 ff.

[232] Begründung zum Entwurf des FernAG, BT-Drs.14/2658, S.30.

über der Wahl des Rechts eines Nicht-EU-Mitgliedsstaates durchgesetzt wird.[233] Da Art.29a EGBGB auf Richtlinien basiert, ist bei seiner Auslegung der jeweilige Richtlinienzweck zu beachten und nicht das Gebot der einheitlichen Auslegung nach Art.36 EGBGB.[234]

Voraussetzung für Art.29a EGBGB, der bei Verträgen aller Art greift, ist die Rechtswahl des Rechts eines Nicht-EU bzw. Nicht-EWR Staates, sowie ein enger Zusammenhang mit einem oder mehreren EU- bzw. EWR-Staaten.[235] Ein solcher enger Zusammenhang ist gem. Art.29a Abs.2 EGBGB gegeben, wenn

1.) der Vertrag auf Grund eines öffentlichen Angebots, einer öffentlichen Werbung oder einer ähnlichen geschäftlichen Tätigkeit zustande kommt, die in einem Mitgliedstaat der Europäischen Union oder einem anderen Vertragsstaat des Abkommens über den Europäischen Wirtschaftsraum entfaltet wird, und

2.) der andere Teil bei Abgabe seiner auf den Vertragsschluss gerichteten Erklärung seinen gewöhnlichen Aufenthalt in einem Mitgliedstaat der Europäischen Union oder einem anderen Vertragsstaat des Abkommens über den Europäischen Wirtschaftsraum hat.

Sind diese Voraussetzungen erfüllt, so ist die Umsetzung der in Art.29a Abs.4 EGBGB aufgeführten Richtlinien des Staates anzuwenden, zu dem ein enger Zusammenhang besteht.[236] Diese Normen kommen dann zur Anwendung, unabhängig davon, ob die Richtlinien umgesetzt wurden oder andere für den Verbraucher günstigere Normen in dem betreffenden Staat bereits bestehen.[237]

Art.29a EGBGB greift aber nur dann, wenn Art.29 EGBGB nicht anwendbar ist oder zur Anwendung des Rechts eines Nicht-EU bzw. Nicht-EWR Staates führt.

3. Zusammenfassung der Unterschiede der deutschen Umsetzung im Vergleich mit der Fernabsatzrichtlinie

3.1 Umsetzung des Anwendungsbereichs

Die Artt.2 und 3 FARL wurden nahezu wörtlich umgesetzt. Lediglich die Formulierung Lieferer wird durch Unternehmer ersetzt, sowie die Definition Betreiber v. Kommunikationstechniken gem. Art.2 Nr.5 FARL weggelassen. Ebenso wurde die Binnendifferenzierung innerhalb der Bereichsausnahmen des Art.3 FARL nicht umgesetzt, da sich diese Unterscheidung im deutschen Recht erübrigt.[238] Diese Änderungen haben aber keine inhaltlichen Auswirkungen.[239]

Der deutsche Gesetzgeber hat jedoch von seinem Recht gem. Art.14 FARL Gebrauch gemacht und folgende inhaltliche Änderungen vorgenommen:

---

233 Vgl. Palandt/*Heldrich*, Art.29a EGBGB Rn.1 f.; Staudinger/*Magnus* (2002), Art.29a EGBGB Rn.18.

234 Palandt/*Heldrich*, Art.29a EGBGB Rn.1.

235 Palandt/*Heldrich*, Art.29a EGBGB Rn.3 f.

236 Ob ein enger Zusammenhang vorliegt, ist nach den Umständen des Einzelfalles zu entscheiden. Indizien für einen solchen engen Zusammenhang können u.a. Staatsangehörigkeit oder ständiger Wohnsitz des zu schützenden Verbrauchers, Firmensitz oder Zweigniederlassung der anderen Partei, Vertragssprache oder der Abschlussort des Vertrages sein. Vgl. Palandt/*Heldrich*, Art.29a EGBGB Rn.3; Staudinger/*Magnus* (2002), Art.29a EGBGB Rn.40ff.

237 Palandt/*Heldrich*, Art.29a EGBGB Rn.5.

238 Begründung zum Entwurf des FernAG, BT-Drs.14/2658, S.31.

239 Staudinger/*Thüsing* (2005), § 312b Rn.3; AnwKom-BGB-*Ring* § 312b Rn.22 f.

- der deutsche Verbraucherbegriff nach § 13 BGB unterscheidet zwischen einer selbstständigen und einer nichtselbstständigen beruflichen Tätigkeit und geht somit weiter als die europäische Vorgabe,
- das Bestehen eines für den Fernabsatz organisierten Dienst- oder Fernabsatzsystems wird gem. § 312 b Abs.1 BGB vermutet. Somit obliegt – im Gegensatz zu Art.2 Nr.1 FARL – die Beweislast, dass kein solches System vorliegt, dem Unternehmer.
- Versteigerungen wurden in den Ausnahmekatalog nicht übernommen, d.h. auch dort gelten die verbraucherschutzrechtlichen Regelungen, insb. die Informationspflichten. Es entfällt aber gem. § 312d Abs.4 Nr.5 BGB das Widerrufsrecht.[240]

Da all diese Änderungen ein höheres Schutzniveau für den Verbraucher gewährleisten sind sie gem. Art.14 FARL zulässig. Somit wurde der Anwendungsbereich ordnungsgemäß umgesetzt.[241]

3.2 Umsetzung der Informationspflichten

Die Informationspflichten der Artt.4 und 5 wurde ebenso weitgehend wörtlich übernommen und in § 312c BGB normiert.[242] Der deutsche Gesetzgeber hat jedoch folgende zusätzliche Informationspflichten geregelt:

- der Unternehmer hat dem Verbraucher seine Adresse auch dann mitzuteilen, wenn keine Vorauszahlung erforderlich ist (§ 1 Abs.1 Nr.2 BGB-InfoV),
- der Unternehmer ist verpflichtet, den Verbraucher zu informieren, wie der Vertrag zustande gekommen ist (§ 1 Abs.1 Nr.4 BGB-InfoV).

Außerdem sind durch die Integration der Finanzdienstleistungsrichtlinie die Informationspflichten umfangreicher als von der Fernabsatzrichtlinie vorgegeben. Da diese zusätzlichen Informationen ein höheres Schutzniveau für den Verbraucher gewährleisten, sind sie gem. Art.14 FARL zulässig. Eine richtlinienkonforme Umsetzung der Informationspflichten liegt somit vor.[243]

3.3 Umsetzung der Widerrufspflichten

Die Vorgaben des Art.6 Abs.1 bis 3 FARL wurden – von einigen sprachlich bedingten Änderungen abgesehen – detailgetreu umgesetzt.[244] Der deutsche Gesetzgeber hat jedoch wieder von seinem Recht gem. Art.14 FARL Gebrauch gemacht und den Verbraucherschutz um folgende Regelungen erweitert:

- Die Widerrufsfrist beträgt statt sieben Werktagen zwei Wochen, eventuell sogar einen Monat (§ 312d Abs.1 i.V.m. § 355 Abs.1 S.1 und 2).[245]
- Das Widerrufsrecht erlischt spätestens nach sechs Monaten, anstatt nach drei.[246]

---

240 Staudinger/*Thüsing* (2005), § 312b Rn.4.

241 Staudinger/*Thüsing* (2005), § 312b Rn.4; *Wilmer/Hahn*, Fernabsatzrecht, S.257 Rn.2; *Micklitz*, Fernabsatz und E-Commerce im Schuldrechtsmodernisierungsgesetz, EuZW 2001, S.133, 134.

242 Staudinger/*Thüsing* (2005), § 312c Rn.5; Begründung zum Entwurf des FernAG, BT-Drs.14/2658, S.37.

243 Staudinger/*Thüsing* (2005), § 312c Rn.5 f.; *Micklitz*, Fernabsatz und E-Commerce im Schuldrechtsmodernisierungsgesetz, EuZW 2001 S.133, 138 f.; MünchKommBGB/*Wendehorst* Bd.2a, § 312b Rn.4.

244 Staudinger/*Thüsing* (2005), § 312d Rn.6.

245 Staudinger/*Thüsing* (2005), § 312d Rn.6.

246 Staudinger/*Thüsing* (2005), § 312d Rn.6.

- Die Kosten der Rücksendung können dem Verbraucher nur vertraglich auferlegt werden, wenn der Preis der zurückzusendenden Sache einen Betrag von 40 Euro nicht übersteigt oder wenn bei einem höheren Preis der Sache der Verbraucher die Gegenleistung oder eine Teilzahlung zum Zeitpunkt des Widerrufs noch nicht erbracht hat.[247]

Der europäische Gesetzgeber hat den Mitgliedsstaaten bzgl. des Widerrufsrechts einen weiten Umsetzungsspielraum gelassen. Die Regelungen des deutschen Gesetzgebers, die keinen direkten Vorgaben der Fernabsatzrichtlinie entspringen, müssen dem Zweck der Fernabsatzrichtlinie bzw. des Widerrufsrechts entsprechen. Dies ist jedoch bei der Haftung des Verbrauchers, insb. bei der Berechnung des Wertersatzes, umstritten und führt zu einer gewissen Rechtsunsicherheit, die endgültig erst durch ein einschlägiges Urteil des EuGH gelöst werden kann.[248] Bis dahin ist den betroffenen Parteien zu empfehlen, von dem für sie geltenden *worst case* auszugehen.

Art.6 Abs.4 FARL, der die sog. verbundenen Verträge betrifft, wurde in § 358 BGB sinngemäß umgesetzt. Die Einzelheiten der Auflösung, die von den Mitgliedsstaaten festzulegen waren, wurden dabei vom deutschen Gesetzgeber richtlinienkonform umgesetzt.

3.4 Umsetzung der weiteren verbraucherschützenden Maßnahmen

Bei den weiteren verbraucherschützenden Maßnahmen bestand zum größten Teil kein Umsetzungsbedarf.

So liegt bei Vertragsdurchführung gem. Art.7 FARL im deutschen Recht *de lege lata* eine strengere Regelung vor, da bei fehlender Vereinbarung die Leistungen sofort fällig sind. Die im Zusammenhang mit Art.7 FARL stehenden Informationspflichten wurden richtlinienkonform geregelt.

Die Regelung bzgl. des Missbrauchs von Zahlungskarten wurde entsprechend den Vorgaben des Art.8 FARL mit der Einführung des § 676h BGB umgesetzt mit der Abweichung, dass der Anwendungsbereich dieser Vorschrift nicht auf Fernabsatzverträge beschränkt wurde.

Auch Art.9 FARL wurde vom deutschen Gesetzgeber durch den § 241a BGB entsprechend umgesetzt, indem das Zusenden unverlangter Waren oder Dienstleistungen lauterkeitsrechtlich sanktioniert wird und zivilrechtlich weder vertragliche noch gesetzliche Ansprüche entstehen. Je nachdem, ob man – wie der deutschen Gesetzgeber – eine weite Auslegung befürwortet, geht die Umsetzung sogar über die Vorgaben der Fernabsatzrichtlinie hinaus.

Die Vorgaben des Art.11 FARL bzgl. der Rechtsbehelfe bei Gericht und Verwaltungsbehörden wurden vom deutschen Gesetzgeber durch die Anpassung des § 13 Abs.2 AGBG a.F. sowie mit der Schaffung von § 22 und § 22a AGBG a.F.[249] im Zusammenhang mit der Umsetzung der Richtlinie 98/27/EG vom 19.05.1998[250] über Unterlassungsklagen zum Schutz der Verbraucherinteressen richtinienkonform geregelt.

---

[247] Staudinger/*Thüsing* (2005), § 312d Rn.7.
[248] Siehe dazu: 2.Teil, II.2.3.2.3 (S.49 f.).
[249] Diese Vorschriften sind jetzt in den §§ 1, 2 und 4 Abs.1 Nr.1 UklaG normiert.
[250] ABl. EG Nr. L 166 v. 11.06.1998, S.51.

3.5 Unabdingbarkeit und das sog. Richtlinien-IPR

Ebenso wurde das in Art.12 Abs.1 FARL normierte Gebot der Unabdingbarkeit durch den § 312f BGB entsprechend der Richtlinie umgesetzt.

Bezüglich des Richtlinien-IPR hat der europäische Gesetzgeber mit ungenauen Vorgaben den Mitgliedsstaaten einen großen Umsetzungsspielraum gelassen. Ob eine richtlinienkonforme Umsetzung des sog. Richtlinien-IPR durch den deutschen Gesetzgeber erfolgte, ist unklar. So wird beispielsweise beanstandet, dass in der deutschen Umsetzung des Richtlinien-IPR kein Günstigkeitsvergleich normiert wurde.[251]

III. Polen

1. Der Verbraucherschutz und die Geschichte der Umsetzung der Fernabsatzrichtlinie in Polen

Mit dem Voranschreiten des Aufnahmeprozesses Polens in die EU[252] wurde eine Angleichung des nationalen polnischen Rechts an das Recht der EU unumgänglich, denn obwohl wirtschaftliche Parameter zunehmend an Bedeutung gewinnen, ist die Übernahme des gemeinschaftsrechtlichen Besitzstandes, des *aquis communautaire*, eine Grundvoraussetzung eines Beitritts zur EU. Daher hatte bzw. hat der polnische Gesetzgeber neben den im Zusammenhang mit der Transformation[253] Polens stehenden inhaltlichen Änderungen der nationalen Rechtssetzung auch die integrative Ausrichtung des nationalen Rechts zu berücksichtigen.[254]

Der Verbraucherschutz in Polen war vor der „Europäisierung" recht unvollkommen. Einerseits gab es zu Zeiten des Sozialismus keine verbraucherrechtliche Politik, andererseits ist man nach der Wende 1988/1989 fälschlicherweise davon ausgegangen, dass die „unsichtbare Hand" des Marktes diese Probleme automatisch lösen würde.[255]

Die Verbraucherschutzrichtlinien der EU wurden vom polnischen Gesetzgeber in das nationale System des Privatrechts größtenteils durch die Verabschiedung von verschiedenen Gesetzen (*ustawy*) umgesetzt.[256] Die Fernabsatzrichtlinie wurde dabei in das Gesetz über den Schutz einiger Verbraucherrechte sowie die Verantwortung für durch gefährliche Produkte hervorgerufene Schäden vom 02.03.2000[257] (*ustawa o ochronie niektórych praw konsumentów oraz o odpowiedzialności za szkodę wyrządzoną przez produkt niebezpieczny*) umgesetzt, das am 01.07.2000 in

251 Siehe auch: *Klauer*, Das europäische Kollisionsrecht der Verbraucherverträge, S.330 f.
252 Europa-Abkommen 1991, Beitrittsgesuch 1994, Zusage 1997, Beitritt zur EU 2004.
253 Unter Transformation versteht man hier die Umwandlung einer planwirtschaftlichen Wirtschaftsordnung in eine marktwirtschaftliche.
254 Siehe dazu ausführlicher: *Glatz*, Die Entwicklung des polnischen Zivilrechts – Darstellung und Bewertung unter dem Aspekt des wirtschaftlichen Wandels, S.216 f.
255 Siehe dazu ausführlicher: *Lasota*, Verbraucherschutz im Internet nach polnischem Recht, S.10 ff.; *Glatz*, Die Entwicklung des polnischen Zivilrechts – Darstellung und Bewertung unter dem Aspekt des wirtschaftlichen Wandels, S.165 ff.
256 Siehe dazu ausführlicher: *Lasota*, Verbraucherschutz im Internet nach polnischem Recht, S.12 ff.; *Ravluševičuis*, Umsetzungskonzepte der EG-Verbraucherschutzrichtlinien, S.210 ff., 242 f.
257 Dz.U. 2000, Nr.22, Pos.271.

Kraft getreten ist.[258] Änderungen erfolgten insb. im Zusammenhang mit der Finanzdienstleistungsrichtlinie, die in Kapitel 2a dieses Gesetzes umgesetzt wurde.[259]

2. Die Umsetzung der Fernabsatzrichtlinie in Polen

Der polnische Gesetzgeber hat die Regelungen der Fernabsatzrichtlinie in Kapitel 2 „Fernabsatzverträge", in den Artt.6 bis 16, sowie Art.17 OchrKonU umgesetzt, wobei letzterer sich auf alle Regelungen dieses Gesetzes bezieht.

2.1 Anwendungsbereich

Der Anwendungsbereich des polnischen Gesetzes über Fernabsatzverträge[260] wird in Art.6 Abs.1 OchrKonU geregelt. Danach sind Verträge, die mit einem Verbraucher ohne gleichzeitige Anwesenheit beider Parteien unter Benutzung von Fernkommunikationsmitteln geschlossen wurden, Fernabsatzverträge, vorausgesetzt der Vertragspartner des Verbrauchers ist ein Unternehmer, der seine Tätigkeit auf so eine Weise organisiert hat. Bezüglich des Zustandekommens des Vertrages gelten die Regelungen des *kodeks cywilny.*[261]

2.1.1 Persönlicher Anwendungsbereich

Das Gesetz ist – entsprechend den Vorgaben der Fernabsatzrichtlinie – nur auf Verträge anwendbar, die zwischen einem Verbraucher (*konsument*) und einem Unternehmer (*przedsiębiorca*) geschlossen werden. Im polnischen Recht gibt es mehrere unterschiedliche Definitionen eines Verbrauchers und eines Unternehmers, die in den entsprechenden Gesetzen normiert worden sind. Die für das polnische Fernabsatzgesetz maßgeblichen Definitionen befinden sich in den Artt. 22^1 und 43^1 KC.

Ein Verbraucher ist gem. Art.22^1 KC eine natürliche Person, die ein Rechtsgeschäft tätigt, das nicht unmittelbar mit ihrer wirtschaftlichen[262] oder beruflichen Tätigkeit verbunden ist.

---

258 In diesem Gesetz wurde außerdem die Richtlinie 85/577/EG vom 20.12.1985 betreffend den Verbraucherschutz im Falle von außerhalb von Geschäftsräumen geschlossenen Verträgen (ABl. EG Nr. L 372 vom 31.12.1985, S.31 ff.), sowie die Richtlinie 85/374/EG vom 25.07.1985 zur Angleichung der Rechts- und Verwaltungsvorschriften der Mitgliedsstaaten über die Haftung für fehlerhafte Produkte (ABl. EG Nr. L 210 vom 07.08.1985, S.29 ff.) umgesetzt, wobei letztere in die Vorschriften des *kodeks cywilny* integriert wurde.

259 Dz.U. 2003, Nr.188, Pos.1837; Dz.U. 2004, Nr.116, Pos.1204. Der polnische Gesetzgeber hat somit im Gegensatz zur deutschen Regelungstechnik die Finanzdienstleistungsrichtlinie separat von den Regelungen zum Fernabsatz umgesetzt. Daher hat die Umsetzung dieser Richtlinie keinen so bedeutenden Einfluss auf die Regelungen des Fernabsatzes, wie es beispielsweise im deutschen Recht bei den Informationspflichten der Fall ist. Siehe dazu auch: 2.Teil, II.2.2.1.1 (S.39 f.) sowie 4.Teil, I.2.1 (S.91 ff.).

260 Diese Bezeichnung ist nicht ganz korrekt, da nur ein Abschnitt des Gesetzes über den Schutz einiger Verbraucherrechte sowie die Verantwortung für durch gefährliche Produkte hervorgerufene Schäden dieses Thema betrifft. Der Einfachheit halber wird jedoch im Folgenden die Bezeichnung Gesetz über Fernabsatzverträge verwendet.

261 Siehe dazu ausführlicher: *Liebscher/Zoll* in: Liebscher/Zoll, Einführung in das polnische Recht, 4.Teil, § 5 Rn.14 ff.

262 Laut *Olczyk,* Komentarz do niektórych przepisów kodeksu cywilnego, Nr.5, ist unter einer wirtschaftlichen Tätigkeit eine Tätigkeit auf eigene Rechnung und mit Gewinnerzielungsabsicht zu verstehen. Eine Wiederholungsabsicht muss dabei nicht zwingend vorliegen.

Im Gegensatz zum deutschen Recht ist somit nicht der Zweck des Rechtsgeschäfts, sondern – wie in der Fernabsatzrichtlinie – die Tätigkeit maßgeblich, um ein Verbraucher nach Art.22^1 KC zu sein.[263]

Weiterhin ist nach dem Wortlaut des Art.22^1 KC der Verbraucherbegriff nur auf natürliche Personen beschränkt, was in der polnischen Literatur jedoch umstritten ist.[264] So wird z.T. die Meinung vertreten, dass auch juristische Personen oder eine in Art.33^1 § 1 KC genannte Organisationseinheit als Verbraucher auftreten können, sofern sie „außerhalb ihres gewöhnlichen Geschäftsfeld Verträge abschließen“[265], d.h. der Vertrag nicht direkt Ihrer wirtschaftlichen oder beruflichen Tätigkeit zugerechnet werden kann.[266]

Die Frage, ob ein Verbrauchergeschäft vorliegt, hängt somit von den jeweiligen Umständen ab.[267] Die Verpflichtung, festzustellen, ob ein Verbrauchergeschäft vorliegt, und das damit verbundene Risiko, obliegt dabei dem Unternehmer.[268]

Bei einem Unternehmer handelt es sich wiederum gem. Art.43^1 KC um eine natürliche oder juristische Person oder um eine in Art.33^1 § 1 KC genannte Organisationseinheit,[269] die im eigenen Namen eine wirtschaftliche oder berufliche Tätigkeit ausübt.[270]

Die polnischen Begriffe des Verbrauchers und des Unternehmers entsprechen somit den in Art.2 Nr.2 und Nr.3 FARL definierten Begriffen des Verbrauchers und des Lieferers.

2.1.2 Sachlicher Anwendungsbereich

2.1.2.1 Gegenstand des Vertrages

Das polnische Gesetz über Fernabsatzverträge gilt generell für alle Arten von Verträgen. Eine Differenzierung in Verträge über die Lieferung von Waren oder über die Erbringung von Dienstleistungen wie in der Fernabsatzrichtlinie und in der deutschen Umsetzung findet zwar nicht bei der Regelung des Anwendungsbereichs, jedoch bei der Ausübung des Widerrufsrechts statt. Da jedoch nach europäischen Maßstäben unter Dienstleistungen alle Geschäfte zu verstehen sind, die nicht die Lieferung einer

---

263 Nach *Mostowik*, Uwagi dotyczące rozwoju prawa konsumenckiego, Radca Prawny 2003, Nr.4, S.37 ff., ist allein der Wille der betreffenden Person maßgeblich, ob sie als Verbraucher handelt oder nicht.

264 *Olczyk*, Komentarz do niektórych przepisów kodeksu cywilnego, Nr.2; *Rejdak*, Definicja konsumenta w rozumieniu kodeksu cywilnego (art.22^1 k.c.), Rejent 2006, Nr.1, S.118 ff.

265 *Ebers*, Der Begriff des „Verbrauchers“, S.748, 758.

266 Eine Erweiterung der Anwendung auch auf juristische Personen befürworten u.a.: *Mostowik*, Uwagi dotyczące rozwoju prawa konsumenckiego, Radca Prawny 2003, Nr.4, S.37 ff.; *Ebers*, Der Begriff des „Verbrauchers“, S.748, 758.

267 *Rejdak*, Definicja konsumenta w rozumieniu kodeksu cywilnego (art.22^1 k.c.), Rejent 2006, Nr.1, S.118 ff. Nach *Olczyk*, Komentarz do niektórych przepisów kodeksu cywilnego, Nr.2, ist bei der Auslegung des Verbraucherbegriffs auch der Zweck der jeweiligen Richtlinie mit zu berücksichtigen.

268 *Rejdak*, Definicja konsumenta w rozumieniu kodeksu cywilnego (art.22^1 k.c.), Rejent 2006, Nr.1, S.118 ff.; *Mostowik*, Uwagi dotyczące rozwoju prawa konsumenckiego, Radca Prawny 2003, Nr.4, S.37 ff.

269 Nach der herrschenden Lehre fallen unter den Begriff Organisationseinheit rechtsfähige Personenhandelsgesellschaften, jedoch nicht die Zivilgesellschaft.

270 *Podrecki* in: Barta/Markiewicz, Handel elektroniczny, S.713, 715; *Korus*, Prawo handlu elektronicznego, S.85; *Szostek*, Czynność prawna a środki komunikacji elektronicznej, S.269.

Ware darstellen und die Lieferung von Waren ebenfalls unter den Anwendungsbereich dieser Richtlinie fallen,[271] entspricht in der polnischen Umsetzung der Gegenstand des Vertrages dem der europäischen Vorgabe und der deutschen Umsetzung.

2.1.2.2 Ausschließliche Verwendung von Fernkommunikationstechniken

Ebenso wie Art.2 Nr.1 FARL und § 312b BGB setzt Art.6 Abs.1 OchrKonU voraus, dass der Vertrag unter der ausschließlichen Verwendung eines oder mehrerer unterschiedlicher Kommunikationsmittel auf Entfernung (Fernkommunikationsmittel) – also ohne die gleichzeitige körperliche Anwesenheit der Vertragsparteien[272] – abgeschlossen wird. In Art.6 Abs.1 OchrKonU wird dazu eine beispielhafte, nicht abgeschlossene Liste von Fernkommunikationsmitteln aufgeführt.[273] Diese Fernkommunikationsmittel müssen bei der gesamten Aktion „Vertragsabschluss“[274] gebraucht werden, d.h. sowohl bei der Vertragsanbahnung als auch beim Vertragsabschluss selbst.[275] Unter dem Gebrauch von Fernkommunikationsmitteln ist – wie in der Fernabsatzrichtlinie – „jegliche Handlung eines Unternehmers, die eine bewusste Nutzung eines solchen Mittels mit dem Zweck einen Vertrag abzuschließen darstellt“[276] zu verstehen. Für die ausschließliche Verwendung von Fernkommunikationsmitteln trägt – ebenso wie im deutschen Recht – gem. Art.6 KC der Verbraucher die Beweislast.

2.1.2.3 Für den Fernabsatz organisiertes Vertriebs- und Dienstleistungssystem

Eine Unternehmer muss weiterhin gem. Art.6 Abs.1 OchrKonU seine Tätigkeit auf eine entsprechende Weise organisiert, sprich ein für den Fernabsatz organisiertes Vertriebs- und Dienstleistungssystem haben, wobei diese Voraussetzung auch in der polnischen Umsetzung nicht ausreichend bestimmt ist. Wie in der Fernabsatzrichtlinie und in ihrer deutschen Umsetzung ist aber bei einer nur gelegentlichen oder einmaligen Verwendung von Fernkommunikationsmitteln ein für den Fernabsatz organi-

---

[271] Siehe dazu: 2.Teil, I.3.1.2.1 (S.24).

[272] *Kocot*, Nowe zasady zawierania i wykonywania umów, Teil II, PPH 2000, Nr.12, S.28, 29; *Abramowicz*, Zawieranie umów z konsumentem na odległość; so im Ergebnis auch: *Łętowska*, Ustawa o ochronie, Kap.2 Rn.8; *Hładyszewski* in: Nowińska/Cybula, Europejskie prawo konsumenckie a prawo polskie, S.129, 143.

[273] *Jagielska*, Umowy zawierane poza lokalem przedsiębiorstwa i na odległość, MoP 2000, Nr.9, S.559, 561; *Podrecki* in: Barta/Markiewicz, Handel elektroniczny, S.713, 717; *Hładyszewski* in: Nowińska/Cybula, Europejskie prawo konsumenckie a prawo polskie, S.129, 144.

[274] Im polnischen Recht unterscheidet man drei Arten von Vertragsschlüssen: Vertrag durch Angebot und Annahme gem. Art.66-70 KC (im deutschen Recht entsprechend: § 145 BGB), Vertragsschluss auf dem Wege einer Versteigerung oder Auktion gem. Art.70[1]-70[5] KC (im deutschen Recht entsprechend: § 156 BGB), Vertragsschluss infolge der Einigung von Vertragsverhandlungen gem. Art.72 KC. Siehe dazu ausführlicher: *Liebscher/Zoll*, in Liebscher/Zoll, Einführung in das polnische Recht, 4.Teil, § 5 Rn.27 ff.

[275] *Jagielska*, Umowy zawierane poza lokalem przedsiębiorstwa i na odległość, MoP 2000, Nr.9, S.559, 561; *Kocot*, Nowe zasady zawierania i wykonywania umów, Teil II, PPH 2000, Nr.12, S.28, 29; *Hładyszewski* in: Nowińska/Cybula, Europejskie prawo konsumenckie a prawo polskie, S.129, 142 f.

[276] *Jagielska*, Umowy zawierane poza lokalem przedsiębiorstwa i na odległość, MoP 2000, Nr.9, S.559, 561.

siertes System zu verneinen.[277] Der Unternehmer muss, um diese Voraussetzung zu erfüllen, zumindest einen Teil seiner Tätigkeit so organisiert haben, dass ein Vertragsabschluss im Fernabsatz organisatorisch möglich ist, indem er z.B. Personal zur Bearbeitung von Internetbestellungen einstellt oder Werbung macht, die sich an die entsprechende Verbrauchergruppe richtet.[278]

Die Beweislast hinsichtlich der Voraussetzungen des Art.6 OchrKonU und somit hinsichtlich des Vorliegens eines Fernabsatzvertrages obliegt gem. Art.6 KC dem Verbraucher.[279] Ob ein Unternehmer sich dabei den Anschein eines für den Fernabsatz organisierten Systems zurechnen lassen muss, ist unklar.[280]

2.1.2.4 Ausschlusstatbestände

Der Ausnahmenkatalog des Art.3 FARL wurde vom polnischen Gesetzgeber detailgetreu in Art.16 OchrKonU umgesetzt, einschließlich der Differenzierung der Bereichsausnahmen.[281] Somit sind im polnischen Gesetz über Fernabsatzverträge – im Gegensatz zum deutschen Recht – Versteigerungen generell von dessen Anwendungsbereich ausgeschlossen.[282]

2.2 Informationspflichten

Die Artt.4 und 5 FARL wurden vom polnischen Gesetzgeber im Art.9 OchrKonU umgesetzt. Dabei werden die Informationspflichten ebenso in eine vorvertragliche Phase, in der dem Verbraucher bestimmte Informationen mitgeteilt werden sollen, und in eine vertragliche Phase, in der eine schriftliche Bestätigung der Informationen zu erfolgen hat, unterteilt.[283]

---

277 *Łętowska*, Ustawa o ochronie, Kap.2 Rn.11; *Jagielska*, Umowy zawierane poza lokalem przedsiębiorstwa i na odległość, MoP 2000, Nr.9, S.559, 561; *Kocot*, Nowe zasady zawierania i wykonywania umów, Teil II, PPH 2000, Nr.12, S.28, 29; *Korus*, Prawo handlu elektronicznego, S.85.

278 *Łętowska*, Ustawa o ochronie, Kap.2 Rn.11; *Korus*, Prawo handlu elektronicznego, S.85 f.; *Hładyszewski* in: Nowińska/Cybula, Europejskie prawo konsumenckie a prawo polskie, S.129, 141; laut *Jagielska*, Umowy zawierane poza lokalem przedsiębiorstwa i na odległość, MoP 2000, Nr.9, S.559, 561, ist sogar die Absicht des Unternehmers, einen Teil seiner Tätigkeit entsprechend zu organisieren, ausreichend, um ein für den Fernabsatz organisiertes System zu bejahen.

279 *Hładyszewski* in: Nowińska/Cybula, Europejskie prawo konsumenckie a prawo polskie, S.129, 145.

280 Nach *Jagielska*, Umowy zawierane poza lokalem przedsiębiorstwa i na odległość, MoP 2000, Nr.9, S.559, 561, muss sich ein Unternehmer den Anschein eines organisierten Systems zurechnen lassen. Die Autoren Hładyszewski, Kocot und Podrecki gehen auf diese Problematik nicht ein.

281 Siehe dazu: 2.Teil, I.3.1.2.4 (S.25).

282 Finanzdienstleistungen sind nicht gem. Art.16 OchrKonU vom Anwendungsbereich des polnischen Fernabsatzgesetzes ausgeschlossen. Jedoch sind in Kapitel 2a des Gesetzes über den Schutz einiger Verbraucherrechte sowie die Verantwortung für durch gefährliche Produkte hervorgerufene Schäden spezielle Regelungen normiert, die bei im Fernabsatz abgeschlossenen Finanzdienstleistungsverträgen Anwendung finden.

283 *Jagielska*, Umowy zawierane poza lokalem przedsiębiorstwa i na odległość, MoP 2000, Nr.9, S.559, 561; *Podrecki* in: Barta/Markiewicz, Handel elektroniczny, S.713, 718; *Kocot*, Nowe zasady zawierania i wykonywania umów, Teil II, PPH 2000, Nr.12, S.28.

2.2.1 Vorvertragliche Informationspflichten

Gem. Art.9 Abs.1 OchrKonU sollte ein Verbraucher spätestens mit Übermittlung des Angebotes zum Abschluss des Vertrages die in diesem Artikel aufgeführten Informationen erhalten. Diese vorvertragliche Informationspflicht ist eine „aktive Pflicht", d.h. es reicht nicht aus, die Aufnahme der Informationen zu ermöglichen, indem man z.B. im Internet einen Hyperlink installiert, sondern es ist eine tatsächliche Übermittlung nötig.[284] Das Risiko einer mangelhaften Übertragung der Informationen trägt dabei der Unternehmer.[285]

Der polnische Gesetzgeber hat diese Pflicht des Unternehmers somit strenger als die Vorgabe der Fernabsatzrichtlinie gestaltet, da nicht nur das „Zur-Verfügung-Stellen", sondern eine tatsächliche Übermittlung dieser Informationen verlangt wird. Ob jedoch eine tatsächliche Kenntnisnahme der Informationen durch den Verbraucher erforderlich ist, ist nicht klar.[286]

2.2.1.1 Inhalt der vorvertraglichen Informationspflichten

Die gem. Art.9 Abs.1 OchrKonU mitzuteilenden Informationen stimmen mit einer Ausnahme mit den Vorgaben der Artt.4 und 5 FARL überein. Ebenso wie im deutschen Recht muss ein Unternehmer abweichend von Art.4 Abs.1 lit.a FARL seine Anschrift unabhängig davon angeben, ob eine Vorauszahlung verlangt wird. Der Grund für diese Abweichung liegt im polnischen Recht darin, dass eine Verpflichtung des Verbrauchers zu Vorauszahlungen nach Art.11 Abs.1 OchrKonU unzulässig ist.

2.2.1.2 Zeitpunkt der Informationsgewährung

Der Verbraucher muss diese Informationen spätestens mit Übermittlung des Angebotes zum Abschluss des Vertrages erhalten.[287] In der polnischen Umsetzung wird dabei kein dem in der Fernabsatzrichtlinie verwendeten Begriff rechtzeitig entsprechender Ausdruck verwendet. Durch richtlinienkonforme Auslegung ist aber auch hier davon auszugehen, dass die Informationen dem Verbraucher dergestalt zur Verfügung gestellt werden müssen, dass er die übermittelten Informationen zur Kenntnis nehmen und eine informierte Entscheidung treffen kann.[288]

2.2.1.3 Form- und Transparenzgebot

Die Informationen können – wie im deutschen Recht – formfrei in einer dem benutzten Fernkommunikationsmittel entsprechenden Weise mitgeteilt werden.[289] Weiterhin müssen sie gem. Art.9 Abs.2 OchrKonU eindeutig und auf eine verständliche Weise formuliert sowie leicht zu lesen sein.[290]

---

284 *Szostek*, Czynność prawna a środki komunikacji elektronicznej, S.284.

285 *Hładyszewski* in: Nowińska/Cybula, Europejskie prawo konsumenckie a prawo polskie, S.129, 153; *Godniak/Godniak*, Transakcje E-Commerce, S.485, 488.

286 Dieses Problem wurde in der verwendeten Literatur nicht behandelt.

287 Laut *Godniak/Godniak*, Transakcje E-Commerce, S.485, 487, müssen die Informationen auch bei einer *invitatio ad offerendum* übermittelt werden.

288 Siehe dazu: 2.Teil, I.3.2.1 (S.26 f.).

289 *Jagielska*, Umowy zawierane poza lokalem przedsiębiorstwa i na odległość, MoP 2000, Nr.9, S.559, 561; *Hładyszewski* in: Nowińska/Cybula, Europejskie prawo konsumenckie a prawo polskie, S.129, 152; *Podrecki* in: Barta/Markiewicz, Handel elektroniczny, S.713, 720; *Szostek*, Czynność prawna a środki komunikacji elektronicznej, S.285.

290 Mit dem Ausdruck leicht zu lesen ist laut *Łętowska*, Ustawa o ochronie, Kap.2 Rn.41, der technische Aspekt der Lesbarkeit gemeint.

Ein weiteres Transparenzgebot ist in Art.6 Abs.2 OchrKonU normiert. Danach muss ein Angebot zum Vertragsabschluss, das in Form eines Angebots, einer *invitatio ad offerendum* oder einer Einladung zur Aufnahme von Verhandlungen erfolgen kann, eindeutig und in verständlicher Weise über die Absicht des Anbietenden, einen Vertrag zu schließen, informieren. Der Verbraucher soll also schon beim ersten Kontakt den sogenannten *animus contrahendi* erfassen können.[291]

Das Angebot muss außerdem eindeutig (*jednozynacznie*) und verständlich (*w sposób zrozumiały*) sein. Das bedeutet, dass die benutzten Formulierungen, Redewendungen und Wörter so verwendet werden sollen, wie ein durchschnittlicher, verständiger Verbraucher[292] sie unter den gleichen Umständen verstehen würde.[293] Die Begriffe *jednozynacznie* und *w sposób zrozumiały* decken sich dabei inhaltlich mit den entsprechenden deutschen Begriffen.[294]

Bei der Frage, welche Sprache verwendet werden soll, ist das Gesetz über die polnische Sprache zu beachten, das am 02.05.2004 geändert und zum Zeitpunkt des Beitritts Polens in die EU in Kraft getreten ist.[295] Diesem Gesetz zufolge besteht eine Verpflichtung zur Benutzung der polnische Sprache im Verkehr mit Verbrauchern sowie bei der Ausführung von Vorschriften des Arbeitsrechts, vorausgesetzt der Verbraucher bzw. der Arbeitnehmer hat zum Zeitpunkt des Vertragsschlusses seinen Wohnsitz in Polen und der Vertrag soll auf dem Territorium der Republik Polen ausgeführt werden. Die Nichteinhaltung dieser Vorgaben, indem beispielsweise ein Verbrauchervertrag in einer anderen als der polnischen Sprache abgefasst ist, kann bei einem Gerichtsprozess u.U. zu Beweisschwierigkeiten für die Tatsache des Vertragsschlusses führen.[296] Darüber hinaus wird demjenigen, der auf dem Gebiet Polens im Verkehr mit Verbrauchern für die Bezeichnungen von Waren und Dienstleistungen sowie den Inhalt von Angeboten, Werbung, Gebrauchsanweisungen sowie Rechnungen und Garantiebedingungen ausschließlich eine Fremdsprache benutzt, eine Geldstrafe[297] angedroht.

Es ist jedoch fraglich, inwieweit ausländische Unternehmen dazu gezwungen werden können, diese Vorgaben bzgl. der Sprache einzuhalten. Ebenso wie im deutschen Recht ist aber davon auszugehen, dass ein Verbraucher, der ein Angebot in einer bestimmten Sprache annimmt, auch die Informationen in dieser Sprache versteht und insofern keines besonderen Schutzes bedarf.[298]

---

291 *Łętowska*, Ustawa o ochronie, Kap.2 Rn.14.

292 Vgl. *Kocot*, Nowe zasady zawierania i wykonywania umów, Teil II, PPH 2000, Nr.12, S.28, 31. Demnach versteht man unter einem verständigen Verbraucher jemanden, der ausreichend Lebenserfahrung hat, um ohne große Schwierigkeiten die ihm übermittelten Informationen zu verstehen und ihre Bedeutung begreifen zu können.

293 *Kocot*, Nowe zasady zawierania i wykonywania umów, Teil II, PPH 2000, Nr.12, S.28, 31; *Hładyszewski* in: Nowińska/Cybula, Europejskie prawo konsumenckie a prawo polskie, S.129, 152.

294 *Łętowska*, Ustawa o ochronie, Kap.2 Rn.15; siehe dazu auch: 2.Teil, II.2.2.1.3 (S.40 ff.) und II.2.2.2.3 (S.43).

295 Dz.U. 2004, Nr.92, Pos.878.

296 Siehe dazu: *Liebscher/Zoll* in Liebscher/Zoll: Einführung in das polnische Recht, 4.Teil, § 5 Rn.70.

297 Diese Geldbuße kann gem. Art.24 § 1 des polnischen Gesetzes über Ordnungswidrigkeiten in einer Höhe von 20 zł bis zu 5.000 zł verhängt werden.

298 So auch: *Lasota*, Verbraucherschutz im Internet nach polnischem Recht, S.146.

2.2.1.4 Ausnahmen der vorvertraglichen Informationspflichten

Eine Pflicht zur Übermittlung der oben aufgeführten Information besteht – entsprechend den Vorgaben der Fernabsatzrichtlinie – ausnahmsweise nicht in den Fällen des Art.16 Abs.2 OchrKonU.[299]

2.2.2 Vertraglichen Informationspflichten

2.2.2.1 Inhalt der vertraglichen Informationspflichten

Der Unternehmer ist gem. Art.9 Abs.3 OchrKonU verpflichtet, dem Verbraucher die in Art.9 Abs.1 OchrKonU aufgeführten Informationen zu übermitteln.[300] Entgegen den Vorgaben der Fernabsatzrichtlinie muss der Unternehmer keine Informationen bzgl. des Kundendienstes und der Garantiebestimmungen übermitteln.[301]

2.2.2.2 Zeitpunkt der Informationsgewährung

Gem. Art.9 Abs.1 OchrKonU sind die Informationen spätestens bei Beginn der Erfüllung der Leistung zu übermitteln.[302]

2.2.2.3 Form

Die Informationen sind gem. Art.9 Abs.1 OchrKonU in Schriftform[303] zu übermitteln. Im Gegensatz zu der Fernabsatzrichtlinie ist die Verwendung eines dauerhaften Datenträgers nicht vorgesehen. Somit ist die polnische Regelung in Bezug auf die Formvorgaben strenger als die deutsche, in der die Textform vorgegeben wird. In der polnischen Literatur wird aber z.T. die Meinung vertreten, dass diese Vorschrift im

---

299 Vom Anwendungsbereich ausgeschlossen sind somit Verträge über den Verkauf von Lebensmitteln, die von Zeit zu Zeit durch den Verkäufer an den Wohnsitz oder an den Arbeitsplatz des Verbrauchers geliefert werden, sowie Verträge über Dienstleistungen, die in einem zeitlich engen Rahmen in den Bereichen Unterbringung, Beförderung, Freizeitgestaltung oder Gastronomie erbracht werden.

300 *Podrecki* in: Barta/Markiewicz, Handel elektroniczny, S.713, 721; *Jagielska*, Umowy zawierane poza lokalem przedsiębiorstwa i na odległość, MoP 2000, Nr.9, S.559, 561; *Hładyszewski* in: Nowińska/Cybula, Europejskie prawo konsumenckie a prawo polskie, S.129, 153.

301 *Schulte-Nölke/Börger*, Fernabsatzrichtlinie (97/7), S.526, 570.

302 *Podrecki* in: Barta/Markiewicz, Handel elektroniczny, S.713, 721; *Jagielska*, Umowy zawierane poza lokalem przedsiębiorstwa i na odległość, MoP 2000, Nr.9, S.559, 561; *Hładyszewski* in: Nowińska/Cybula, Europejskie prawo konsumenckie a prawo polskie, S.129, 153.

303 Die Schriftform im polnischen Recht kann gem. Art.78 KC in die „klassische" Schriftform (entsprechend im deutschen Recht die Schriftform gem. § 126 BGB) und in die elektronische Form (entsprechend im deutschen Recht die elektronische Form gem. § 126a BGB) unterteilt werden. Ebenso wie im deutschen Recht ist zur Wahrung der Schriftform eine eigenhändige Unterschrift bzw. bei der elektronischen Schriftform eine sichere, elektronische Signatur nötig, die gem. Art.78 § 2 KC mit Hilfe eines gültigen, qualifizierten Zertifikats zu verifizieren ist. Die polnische Schriftform unterscheidet sich von der deutschen dahingehend, dass ein diese Form nicht beachtendes Rechtsgeschäft gem. Art.73 KC nur dann nichtig ist, wenn so eine Rechtsfolge ausdrücklich im Gesetz geregelt worden ist (*Sanktion ad solemnitatem*). Ansonsten drohen für die Nichteinhaltung der Schriftform sog. Beweisschwierigkeiten (*Sanktion ad probationem*). So ist in solchen Fällen gem. Art.74 KC bei einem Streit über Vornahme eines Rechtsgeschäfts eine Zeugen- oder Parteivernehmung nur dann zulässig, wenn die Parteien dies genehmigt haben oder sie von einem Verbraucher im Streit gegen einen Unternehmer beantragt wurde. Diese Vorschrift findet aber gem. Art.74 § 3 KC keine Anwendung unter Unternehmern. Siehe dazu ausführlicher: *Liebscher/Zoll* in: Liebscher/Zoll, Einführung in das polnische Recht, 4.Teil, § 5 Rn.58 ff.

Lichte der Richtlinie reduziert werden müsste.[304] Eine endgültige Antwort auf diese Frage kann jedoch nur aufgrund der Rechtsprechung oder durch eine Änderung des Art.9 OchrKonU erfolgen.

2.2.2.4 Ausnahmen der schriftlichen Bestätigung

Die in Art.5 Abs.2 FARL geregelte Ausnahme der Pflicht des Unternehmers zur Bestätigung der Information wurde sinngemäß vom polnischen Gesetzgeber in Art.9 Abs.4 OchrKonU umgesetzt. Ein Verbraucher muss somit bei sog. Online-Geschäften wie z.B. telefonischen Ansagediensten nur die Möglichkeit haben, sich über Vor- und Nachname (Name), Anschrift der Wohnung (des Sitzes) des Unternehmers, oder des Organs, das die wirtschaftliche Tätigkeit des Unternehmens registriert hat, zu informieren, sowie die dazugehörige Registriernummer zu erfahren.[305]

2.2.3 Rechtsfolgen der Verletzung der Informationspflichten

Rechtsfolgen bei Verletzung der vorvertraglichen Informationspflichten wurden im polnischen Gesetz über Fernabsatzverträge nicht geregelt. Sie ergeben sich daher aus den Regelungen des *kodeks cywilny* und ähneln denen des deutschen Rechts.[306] So kann ein Vertrag beispielsweise erst gar nicht zustande kommen, wenn die für den Vertragsschluss wesentlichen Informationen nicht mitgeteilt wurden. Des Weiteren können dem Verbraucher Schadensersatzansprüche zustehen.[307]

Kommt ein Unternehmer hingegen seiner Verpflichtung nicht nach, die gewährten Informationen in Schriftform zu bestätigen, so verlängert sich die Widerrufsfrist gem. Art.10 Abs.2 OchrKonU auf drei Monate.[308] Der polnische Gesetzgeber hat mit dieser Regelung die Vorgaben der Artt.5 und 6 Abs.1 FARL wörtlich umgesetzt.

2.3 Widerrufsrecht

Das in Art.6 FARL geregelte Widerrufsrecht wurde vom polnischen Gesetzgeber in den Artt.7, 10 und 13 OchrKonU umgesetzt. Ebenso wie im deutschen Recht ist das

---

[304] Laut *Lasota*, Verbraucherschutz im Internet nach polnischem Recht, S.132, müsste es möglich sein, die Daten z.B. auf Diskette oder per Email zu übermitteln, da es hier nur um einen beweissicheren Weg der Bestätigung geht. Auch *Korus*, Prawo handlu elektronicznego, S.90, befürwortet die Möglichkeit der Übermittlung dieser Informationen auf einem dauerhaften Datenträger u.a. mit dem Argument, dass dies auch in der polnischen Umsetzung der Richtlinie über den Fernabsatz von Finanzdienstleistungen möglich ist, obwohl diese Richtlinie ein höheres Schutzniveau vorgibt als die Fernabsatzrichtlinie.

[305] *Kocot*, Nowe zasady zawierania i wykonywania umów, Teil II, PPH 2000, Nr.12, S.28, 31 f.; *Lasota*, Verbraucherschutz im Internet nach polnischem Recht, S.132; *Hładyszewski* in: Nowińska/Cybula, Europejskie prawo konsumenckie a prawo polskie, S.129, 153.

[306] Siehe dazu auch: *Liebscher/Zoll* in Liebscher/Zoll, Einführung in das polnische Recht, 4.Teil, § 5, Rn.67 ff.

[307] *Korus*, Prawo handlu elektronicznego, S.89; *Jagielska*, Umowy zawierane poza lokalem przedsiębiorstwa i na odległość, MoP 2000, Nr.9, S.559, 561; *Szostek*, Czynność prawna a środki komunikacji elektronicznej, S.286.

[308] *Jagielska*, Umowy zawierane poza lokalem przedsiębiorstwa i na odległość, MoP 2000, Nr.9, S.559, 561; *Kocot*, Nowe zasady zawierania i wykonywania umów, Teil II, PPH 2000, Nr.12, S.28, 31.

hier geregelte Widerrufsrecht ein Gestaltungsrecht, das allein dem Verbraucher zusteht[309] und den Grundsatz *pacta sunt servanda* durchbricht.[310]

Die Ausübung des Widerrufsrechts darf gem. Art.7 Abs.2 OchrKonU nicht von der Zahlung eines Entgeltes (Abstandsgeld) abhängig gemacht werden.[311] Eine spezielle Regelung in Bezug auf Sukzessivverträge wie im deutschen Recht ist aber nicht getroffen worden.

2.3.1 Die Voraussetzungen des Widerrufsrechts

2.3.1.1 Wirksamer Fernabsatzvertrag

Ebenso wie im deutschen Recht muss ein wirksamer Fernabsatzvertrag vorliegen, damit das Widerrufsrechts ausgeübt werden kann. Die Frage, wann ein Vertrag wirksam ist, unterliegt dabei polnischem Recht.

2.3.1.2 Widerrufserklärung

Ein Verbraucher hat gem. Art.7 Abs.1 OchrKonU das Recht, einen im Fernabsatz geschlossenen Vertrag ohne Angabe von Gründen in Schriftform[312] zu widerrufen.

2.3.1.3 Dauer der Widerrufsfrist

Die Widerrufsfrist beträgt im Gegensatz zur Fernabsatzrichtlinie in der polnischen Umsetzung 10 Kalendertage. Sie kann aber gem. Art.10 Abs.3 OchrKonU auch drei Monate dauern, vorausgesetzt die in Art.9 Abs.1 OchrKonU normierten Informationen wurden vom Unternehmer nicht bestätigt. Unklar ist lediglich, ob es sich bei der Widerrufsfrist im polnischen Recht um eine Ausschlussfrist wie in der Fernabsatzrichtlinie handelt.[313]

2.3.1.4 Fristwahrung

Zur Wahrung der Widerrufsfrist reicht gem. Art.7 Abs.1 OchrKonU die rechtzeitige Absendung der Widerrufserklärung aus.

2.3.1.5 Beginn und Ende der Widerrufsfrist

Die Regelungen des Art.6 FARL bzgl. des Beginns und des Endes der Widerrufsfrist wurden vom polnischen Gesetzgeber wörtlich in Art.10 Abs.2 OchrKonU übernommen.

---

309 Ein Unternehmer kann nur unter den Voraussetzungen des Art.395 ff. KC von einem Vertrag zurücktreten. So *Podrecki* in: Barta/Markiewicz, Handel elektroniczny, S.713, 723; *Hładyszewski* in: Nowińska/Cybula, Europejskie prawo konsumenckie a prawo polskie, S.129, 149.

310 *Kocot*, Nowe zasady zawierania i wykonywania umów, Teil II, PPH 2000, Nr.12, S.28.

311 Eine entsprechende Vereinbarung im Vertrag wäre nichtig. *Jagielska*, Umowy zawierane poza lokalem przedsiębiorstwa i na odległość, MoP 2000, Nr.9, S.559, 563 zufolge bezieht sich das Recht, ohne Abstandszahlung zu widerrufen, jedoch nur auf die gesetzliche Widerrufsfrist von 10 Tagen. Es ist daher möglich, vertraglich ein längeres Widerrufsrecht mit einer Abstandszahlung nach dem Ablauf des 10. Tages der Widerrufsfrist zu vereinbarten.

312 Zur Schriftform siehe auch: 2.Teil, III.2.2.2.3, Fn.303, (S.66).

313 Dem zustimmend: *Jagielska*, Umowy zawierane poza lokalem przedsiębiorstwa i na odległość, MoP 2000, Nr.9, S.559, 562; a.A.: *Hładyszewski* in: Nowińska/Cybula, Europejskie prawo konsumenckie a prawo polskie, S.129, 148.

2.3.1.6 Ausnahmen des Widerrufsrechts

Neben den in Art.16 Abs.2 OchrKonU geregelten Ausnahmen sind in Art.10 Abs.3 OchrKonU weitere Fälle geregelt, in denen der Verbraucher sein Widerrufsrecht nicht ausüben kann. Diese Ausnahmen entsprechen sinngemäß denen in Art.6 Abs.3 FARL.[314]

2.3.2 Rechtsfolgen des Widerrufs

2.3.2.1 Auswirkung des Widerrufsrechts

Ein widerrufener Vertrag ist gem. Art.7 Abs.3 S.1 OchrKonU als von Anfang an (*ex tunc*) nichtig anzusehen. Das bisher Geleistete ist gem. Art.7 Abs.3 S.2 OchrKonU innerhalb von 14 Tagen zurückzuerstatten. Der Unternehmer, der das Risiko der Rücksendung trägt,[315] hat dabei gem. Art.13 Abs.1 OchrKonU dem Verbraucher die Rückgewähr der Leistung schriftlich zu bestätigen.[316]

Sofern der Verbraucher Vorauszahlungen geleistet hat, stehen ihm gem. Art.7 Abs.3 S.3 OchrKonU gesetzliche Zinsen (*odsetki ustawowe*)[317] ab dem Tag der Vorauszahlung zu. Diese etwas missglückte Regelung dient dazu, den Unternehmer dazu zu bewegen, erhaltene Zahlung schnellstmöglich zurückzuerstatten. Dafür wäre aber eine Verzinsung der Vorauszahlung ab dem Widerruf ausreichend.[318] Da diese gesetzlichen Zinsen i.d.R. höher als die in der Bank vergebenen sind, bietet diese Regelung ein gewisses Missbrauchspotential.[319]

Die Frage der Rückgabekosten ist in der polnischen Umsetzung des Gesetzes über Fernabsatzverträge nicht geregelt worden. Lediglich in Art.12 Abs.4 OchrKonU findet sich eine Norm bzgl. der Rückgabekosten, die besagt, dass ein Unternehmer bei der Rückgabe einer Ersatzleistung gem. Art.12 Abs.3 OchrKonU die Kosten der Rücksendung trägt. In der Literatur wird daher z.T. die Meinung vertreten, dass – im Umkehrschluss zu dieser Regelung – der Verbraucher diese Kosten normalerweise

---

314 Siehe dazu auch: *Schulte-Nölke/Börger*, Fernabsatzrichtlinie (97/7), S.526, 577 ff.

315 *Szczygielska*, Odstąpienie od umowy zawartej na odległość, KPP 2003, Nr.2, S.409, 419; *Jagielska*, Umowy zawierane poza lokalem przedsiębiorstwa i na odległość, MoP 2000, Nr.9, S.559, 563.

316 *Szczygielska*, Odstąpienie od umowy zawartej na odległość, KPP 2003, Nr.2, S.409, 419; *Jagielska*, Umowy zawierane poza lokalem przedsiębiorstwa i na odległość, MoP 2000, Nr.9, S.559, 563; *Podrecki* in: Barta/Markiewicz, Handel elektroniczny, S.713, 724; *Kocot*, Nowe zasady zawierania i wykonywania umów, Teil II, PPH 2000, Nr.12, S.28, 32.

317 Die Höhe der *odsetki ustawowe* wird jedes Jahr vom Ministerrat als Verordnung (Dz.U. 2005, Nr 201, Pos.1662) festgelegt, wobei sowohl der marktübliche Zins als auch der Zins der polnischen Staatsbank berücksichtigt wird. Ab dem 15.10.2005 beträgt dieser Zinssatz 11,5 %. (Stand: Juli 2007)

318 Diese Regelung scheint in Bezug auf Art.11 Abs.1 OchrKonU widersprüchlich zu sein. Dieser verbietet zwar eine Verpflichtung des Verbrauchers zur Vorauszahlung, ein Verbraucher könnte aber freiwillig im Voraus zahlen. So auch: *Lasota*, Verbraucherschutz im Internet nach polnischem Recht, S.164.

319 *Jagielska*, Umowy zawierane poza lokalem przedsiębiorstwa i na odległość, MoP 2000, Nr.9, S.559, 563; vgl. auch: *Szczygielska*, Odstąpienie od umowy zawartej na odległość, KPP 2003, Nr.2, S.409, 424. Ihr zufolge stellt diese Regelung eine Art Belohnung für den Verbraucher für die Ausübung des Widerrufsrechts dar.

trägt, was auch den Vorgaben der Fernabsatzrichtlinie entsprechen würde.[320] Diese Auslegung wird wiederum von einigen Autoren angezweifelt, da dies nicht dem Prinzip der Wiederherstellung (*restitutio ad integrum*) entspricht.[321] Eine endgültige Lösung dieser strittigen Frage wird sich erst durch ein einschlägiges Urteil ergeben.[322]

2.3.2.2 Haftung des Verbrauchers

Das Widerrufsrecht ist bei Beschädigung oder Untergang nicht ausgeschlossen. Der Verbraucher hat aber gem. Art.7 Abs.3 OchrKonU den entstandenen Schaden zu ersetzen, sofern er durch ihn verschuldet wurde.[323] Der Verbraucher ist jedoch nur dazu verpflichtet, die eigenübliche Sorgfalt walten zu lassen, vorausgesetzt, dass er über sein Widerrufsrecht informiert ist.[324] Sollte eine Rückgewähr des Geleisteten in Natur nicht möglich sein, so ist gem. Art.405 ff. KC der Wert zu ersetzen.[325]

Gem. Art.7 Abs.3 S.1 OchrKonU ist ein Verbraucher durch den Widerruf von jeglicher Verpflichtung befreit. Im Gegensatz zum deutschen Recht bestehen daher gegen den Verbraucher keine weiteren Ansprüche, weder gesetzliche[326] noch vertragliche.[327]

2.3.3 Verbundene Verträge

Die in Art.6 Abs.4 FARL getroffenen Regelungen bzgl. verbundener Verträge wurden vom polnischen Gesetzgeber sinngemäß in Art.13 Abs.2 OchrKonU umgesetzt. Danach wird durch den Widerruf eines Fernabsatzvertrages, bei dem die Leistung durch einen Kredit des Unternehmers oder eines Dritten, der diesen Kredit nur aufgrund einer Vereinbarung mit dem Unternehmer gewährte, finanziert wird, auch der Finanzierungsvertrag widerrufen.[328]

---

320 *Szczygielska*, Odstąpienie od umowy zawartej na odległość, KPP 2003, Nr.2, S.409, 419; *Jagielska*, Umowy zawierane poza lokalem przedsiębiorstwa i na odległość, MoP 2000, Nr.9, S.559, 563; *Godniak/Godniak*, Transakcje E-Commerce, S.485, 490.

321 *Podrecki* in: Barta/Markiewicz, Handel elektroniczny, S.713, 724; *Lasota*, Verbraucherschutz im Internet nach polnischem Recht, S.140.

322 Nach *Lasota*, Verbraucherschutz im Internet nach polnischem Recht, S.140, ist davon auszugehen, dass es die Absicht des polnischen Gesetzgebers war, dem Verbraucher nicht die Kosten der Rücksendung aufzuerlegen, da auch die Autorin Łętowska, die dieses Gesetz mitverfasst hat, diese Meinung vertritt. Inwieweit diese Tatsache als Argument für eine solche Auslegung verwendet werden kann, ist zweifelhaft.

323 Diese Verpflichtung, den Schaden zu ersetzen, ergibt sich aus dem Wortlaut des Art.7 Abs.3 OchrKonU, in dem die Parteien zu einer Rückgewährung in einem unveränderten Zustand verpflichtet sind.

324 *Szczygielska*, Odstąpienie od umowy zawartej na odległość, KPP 2003, Nr.2, S.409, 420; *Jagielska*, Umowy zawierane poza lokalem przedsiębiorstwa i na odległość, MoP 2000, Nr.9, S.559, 563.

325 *Kocot*, Nowe zasady zawierania i wykonywania umów, Teil I, PPH 2000, Nr.11, S.46, 50.

326 *Podrecki* in: Barta/Markiewicz, Handel elektroniczny, S.713, 724.

327 *Szczygielska*, Odstąpienie od umowy zawartej na odległość, KPP 2003, Nr.2, S.409, 421 f.; *Jagielska*, Umowy zawierane poza lokalem przedsiębiorstwa i na odległość, MoP 2000, Nr.9, S.559, 563.

328 *Lasota*, Verbraucherschutz im Internet nach polnischem Recht, S.139; *Hładyszewski* in: Nowińska/Cybula, Europejskie prawo konsumenckie a prawo polskie, S.129, 149; *Kocot*, Nowe zasady zawierania i wykonywania umów, Teil II, PPH 2000, Nr.12, S.28, 32 f.; *Jagielska*, Umowy zawierane poza lokalem przedsiębiorstwa i na odległość, MoP 2000, Nr.9, S.559, 564.

2.4 Weitere verbraucherschützende Maßnahmen

2.4.1 Vertragsdurchführung

Die in Art.7 FARL getroffenen Regelungen bzgl. der Durchführung von Verträgen wurden vom polnischen Gesetzgeber sinngemäß in Art.12 OchrKonU umgesetzt. Jedoch darf ein Unternehmer gem. Art.11 Abs.1 OchrKonU vom Verbraucher keine Vorauszahlungen verlangen.[329] Der Zweck dieser Regelung ist, den Unternehmer zu einer schnellen Leistungserbringung zu bewegen.[330] Außerdem muss der Unternehmer gem. Art.11 Abs.2 OchrKonU den (geographischen) Ort, an den eine Beanstandung zu richten ist sowie deren Art und Weise so organisieren, dass keine unverhältnismäßigen Schwierigkeiten oder Kosten auf Seiten des Verbrauchers entstehen. Diese Norm stellt somit eine Anforderung an die Organisation eines Unternehmens dar. Sie muss jedoch noch von der Rechtsprechung konkretisiert werden.[331]

2.4.1.1 Erfüllungspflicht

Ebenso wie in Art.7 Abs.1 FARL ist ein Unternehmer – sofern vertraglich nichts anderes vereinbart wurde – gem. Art.12 Abs.1 OchrKonU dazu verpflichtet, den im Fernabsatz geschlossenen Vertrag bis spätestens 30 Tage nach der Abgabe der Willenserklärung des Verbrauchers zum Abschluss des Vertrages zu erfüllen. Die Frist beginnt in dem Moment zu laufen, in dem der Verbraucher seine Willenserklärung zum Abschluss des Vertrages,[332] wie die Annahme eines Angebots oder eine Bestellung, abgibt.[333] Eine Ausnahme von dieser Vorschrift ist nur unter den in Art.16 Abs.2 OchrKonU geregelten Umständen möglich.

2.4.1.2 Nichtverfügbarkeit der Leistung

Falls der Unternehmer den Vertrag nicht erfüllen kann, da die bestellte Ware oder Dienstleistung nicht verfügbar ist, hat er den Verbraucher gem. Art.12 Abs.2 OchrKonU unverzüglich, spätestens aber innerhalb von 30 Tagen sowohl darüber zu informieren als auch eventuell geleistete Zahlungen zurückzuerstatten.

In der polnischen Literatur wird die „Art" dieser in Art.12 OchrKonU geregelten Unmöglichkeit stark diskutiert. Es ist aber davon auszugehen, dass es sich hierbei um Fälle einer subjektiven, also nur für den Unternehmer bestehenden Unmöglichkeit handelt, wobei es unerheblich ist, aus welchen Gründen diese Unmöglichkeit eintritt und ob der Unternehmer diese zu vertreten hat.[334] Damit der Fernabsatzver-

---

329 Laut *Łętowska*, Ustawa o ochronie, Kap.2 Rn.47 f., hat die Sachleistung vor der Geldleistung zu erfolgen. Eine Klausel, die etwas anderes bestimmt, ist gem. Art.58 § 1 KC nichtig.

330 So auch *Lasota*, Verbraucherschutz im Internet nach polnischem Recht, S.165.

331 Laut *Łętowska*, Ustawa o ochronie, Kap.2 Rn.49, sollen Gerichte aufgrund dieser Vorschrift Aspekte wie beispielsweise Öffnungszeiten oder die geographische Verteilung der Orte, an denen eine Beanstandung vorgebracht werden kann, berücksichtigen.

332 Wann ein Vertrag als geschlossen gilt, ergibt sich aus den Artt.66-72[1] KC.

333 *Kocot*, Nowe zasady zawierania i wykonywania umów, Teil II, PPH 2000, Nr.12, S.28, 33; *Podrecki* in: Barta/Markiewicz, Handel elektroniczny, S.713, 728; a.A.: *Hładyszewski* in: Nowinska/Cybula, Europejskie prawo konsumenckie a prawo polskie, S.129, 157. Ihm zufolge beginnt die Frist am Tag nach dem Tag, an dem der Verbraucher seine Willenserklärung zum Abschluss des Vertrages abgegeben hat.

334 Vgl. *Kołodziej*, Wygaśnięcie umowy zawieranei na odległość, PPH 2005, Nr.10, 31, 32; *Lasota*, Verbraucherschutz im Internet nach polnischem Recht, S.163: Die Autoren vertreten die Meinung, dass diese Unmöglichkeit im polnischen Recht eine neue, „schwächere" Form der Leistungsun-

trag und somit die Leistungspflicht des Unternehmers in so einem Fall erlischt, ist ein „Akt des Bemühens" notwendig, indem der Unternehmer den Verbraucher über die Nichtverfügbarkeit der Leistung unverzüglich, spätestens aber innerhalb von 30 Tagen informiert.[335] Diese Information ist formfrei zu übermitteln und kann nur vertraglich bei Freizeitveranstaltungen unter freiem Himmel gem. Art.16 Abs.2 Nr.2 OchrKonU ausgeschlossen werden. Falls der Unternehmer seinen Informationspflichten aus diesem Artikel nicht nachkommt, stehen dem Verbraucher eventuelle Schadensersatzansprüche nach Art.471 KC zu.[336]

2.4.1.3 Änderungsvorbehalt

Entsprechend den Vorgaben des Art.7 Abs.3 FARL kann ein Unternehmer gem. Art.12 Abs.3 OchrKonU mit dem Verbraucher vertraglich vereinbaren, dass er sich im Falle einer vorübergehenden Unmöglichkeit der Erfüllung der Leistung mit den vom Verbraucher bestellten Eigenschaften von seiner Leistungspflicht durch eine Ersatzlieferung befreien kann. Die Ersatzlieferung muss dabei in Qualität und Zweck der ursprünglich bestellten Leistung entsprechen und in der gleichen Preisklasse liegen.[337] Ferner muss der Unternehmer den Verbraucher in Schriftform[338] darüber informieren, dass er diese Leistung nicht annehmen muss und dass er den Vertrag widerrufen kann, wobei die Kosten der Rückgabe zu Lasten des Unternehmers gehen. Das Widerrufsrecht des Verbrauchers richtet sich in diesem Fall gem. Art.12 Abs.4 OchrKonU nach den Regelungen des Art.7 OchrKonU.

2.4.2 Kreditkartenmissbrauch

Der polnische Gesetzgeber hat die Vorgaben des Art.8 FARL bzgl. der Zahlung mittels Karte sinngemäß in Art.8 OchrKonU umgesetzt.[339] Demnach kann ein Verbraucher die Stornierung einer Zahlung verlangen, wenn seine Zahlungskarte im Rahmen eines Fernabsatzvertrages missbräuchlich verwendet wurde. Unter einer missbräuchlichen Verwendung ist jede Verwendung der Zahlungskarte, die ohne Zustimmung des Verbrauchers erfolgt, zu verstehen, wobei unerheblich ist, wer diese Verwendung tätigt.[340] Die Stornierung dieser Zahlung erfolgt dabei auf Kosten und Risiko des Unternehmers.[341] Diese können auch nicht durch vertragliche Vereinbarun-

---

möglichkeit darstellt und nicht der in Art.387 und 475 ff. KC geregelten Unmöglichkeit der Leistung entspricht; a.A.: *Kocot*, Nowe zasady zawierania i wykonywania umów, Teil II, PPH 2000, Nr.12, S.28, 33; *Hładyszewski* in: Nowińska/Cybula, Europejskie prawo konsumenckie a prawo polskie, S.129, 157: Ihnen zufolge handelt es sich hierbei um Fälle der originären Unmöglichkeit.

335 *Kocot*, Nowe zasady zawierania i wykonywania umów, Teil II, PPH 2000, Nr.12, S.28, 33; *Hładyszewski* in: Nowińska/Cybula, Europejskie prawo konsumenckie a prawo polskie, S.129, 158.

336 *Kocot*, Nowe zasady zawierania i wykonywania umów, Teil II, PPH 2000, Nr.12, S.28, 33.

337 *Kocot*, Nowe zasady zawierania i wykonywania umów, Teil II, PPH 2000, Nr.12, S.28, 34; *Hładyszewski* in: Nowińska/Cybula, Europejskie prawo konsumenckie a prawo polskie, S.129, 158; *Lasota*, Verbraucherschutz im Internet nach polnischem Recht, S.165.

338 Zur Schriftform siehe auch: 2.Teil, III.2.2.2.3, Fn.303, (S.66).

339 Die Problematiken von Zahlungskarten im Allgemeinen werden im polnischen Gesetz vom 12.09.2002 über elektronische Zahlungsmittel geregelt (Dz.U. 2002, Nr.169, Pos.1385).

340 *Hładyszewski* in: Nowińska/Cybula, Europejskie prawo konsumenckie a prawo polskie, S.129, 156; Letowska S.64 Rb.68; *Podrecki* in: Barta/Markiewicz, Handel elektroniczny, S.713, 730.

341 *Hładyszewski* in: Nowińska/Cybula, Europejskie prawo konsumenckie a prawo polskie, S.129, 156 f.

gen auf den Verbraucher übertragen werden.[342] Die Pflicht des Verbrauchers, den durch ihn verursachten Schaden zu ersetzen, bleibt gem. Art.14 S.2 OchrKonU davon unberührt.[343]

2.4.3 Unbestellt zugesandte Waren und Dienstleistungen

In Art.9 FARL werden die Mitgliedsstaaten dazu verpflichtet, die mit einer Zahlungsaufforderung verbundene Lieferung unbestellter Waren und Erbringung unbestellter Dienstleistungen zu unterbinden und dafür Sorge zu tragen, dass den Empfänger unbestellter Waren und Dienstleistungen keinerlei Gegenleistungspflicht trifft.

Die Vorgaben der Fernabsatzrichtlinie wurden vom polnischen Gesetzgeber nur zum Teil umgesetzt. So entstehen gem. Art.15 OchrKonU dem Verbraucher durch die Lieferung von unbestellten Waren keinerlei Verpflichtungen. Er muss dem Unternehmer weder die unbestellte Ware zurückschicken, noch ihn informieren oder gar die Ware bezahlen. Auch Ansprüche aus ungerechtfertigter Bereicherung entstehen in so einem Fall nicht.[344] Es ist dabei unerheblich, ob der Verbraucher mit dem Unternehmer in dauernden Geschäftsbeziehungen steht, oder ob der Verbraucher schon mehrmals solche unbestellt zugesandte Lieferungen angenommen und bezahlt hat.[345]

Jegliches Risiko wie Untergang, Beschädigung oder Verlust der Waren, sowie die Kosten trägt allein der Unternehmer.[346] Der polnische Gesetzgeber hat jedoch – entgegen der Vorgaben der Fernabsatzrichtlinie – keine Maßnahmen getroffen, um diese Geschäftspraxis prinzipiell zu unterbinden.[347]

2.4.4 Beschränkung in der Verwendung bestimmter Fernkommunikationstechniken

Die Umsetzung des Art.10 FARL in polnisches Recht erfolgte durch Art.6 Abs.3 OchrKonU. Die dort aufgeführte Aufzählung der Fernkommunikationstechniken ist aber nicht abschließend, wodurch im polnischen Recht die opt-in-Lösung für die Verwendung aller Arten von Fernkommunikationstechniken gilt.[348] Da dadurch ein Schutzniveau gewährleistet wird, das über die Vorgaben der Fernabsatzrichtlinie hinausgeht, ist diese Regelung gem. Art.14 S.1 FARL zulässig.

Folglich benötigt ein Unternehmer, unabhängig davon mit welchem Fernkommunikationsmittel er mit dem Verbraucher Kontakt aufnehmen will, die vorherige Zustim-

---

342 *Łętowska*, Ustawa o ochronie, Kap.2 Rn.75.

343 *Hładyszewski* in: Nowińska/Cybula, Europejskie prawo konsumenckie a prawo polskie, S.129, 156.

344 *Jagielska*, Umowy zawierane poza lokalem przedsiębiorstwa i na odległość, MoP 2000, Nr.9, S.559, 563; *Hładyszewski* in: Nowińska/Cybula, Europejskie prawo konsumenckie a prawo polskie, S.129, 156.

345 *Hładyszewski* in: Nowińska/Cybula, Europejskie prawo konsumenckie a prawo polskie, S.129, 156

346 *Jagielska*, Umowy zawierane poza lokalem przedsiębiorstwa i na odległość, MoP 2000, Nr.9, S.559, 563; *Hładyszewski* in: Nowińska/Cybula, Europejskie prawo konsumenckie a prawo polskie, S.129, 156; *Kocot*, Nowe zasady zawierania i wykonywania umów, Teil II, PPH 2000, Nr.12, S.28, 30; *Łętowska*, Ustawa o ochronie, Kap.2 Rn.76.

347 *Schulte-Nölke/Börger*, Fernabsatzrichtlinie (97/7), S.526, 604 f.

348 *Lasota*, Verbraucherschutz im Internet nach polnischem Recht, S.30; *Szostek*, Czynność prawna a środki komunikacji elektronicznej, S.305; *Godniak/Godniak*, Transakcje E-Commerce, S.485, 488.

mung des Verbrauchers. Dieses Einverständnis des Verbrauchers kann für eine einmalige oder für mehrere Kontaktaufnahmen gelten und muss ausdrücklich erfolgen.[349] Es muss vorliegen, bevor eine solche Kontaktaufnahme erfolgen kann. Es genügt daher nicht, dieses Einverständnis unmittelbar vor der Abgabe eines Angebots zum Vertragsabschluss wie beispielsweise während des gleichen Telefongesprächs einzuholen.[350]

Die Fernabsatzrichtlinie gibt keine Rechtsfolgen für einen Verstoß gegen diese Regelung vor. Nach polnischem Recht wird der abgeschlossene Fernabsatzvertrag zwar nicht nichtig, es könnten jedoch Ansprüche nach den Artt.23 und 24 KC vorliegen.[351] Zusätzlich zu der Regelung des Art.6 Abs.3 OchrKonU ist das Zuschicken unerwünschter kommerzieller Kommunikation[352] an einen bestimmten Empfänger mit Hilfe elektronischer Kommunikationsmittel auch gem. Art.10 Abs.1 UsługElektronU verboten.[353] Es wird gem. Art.10 Abs.1 UsługElektronU i.V.m. Art.3 Abs.1 und 2 ZNKU als unlauterer Wettbewerb angesehen und entsprechend gem. Art.18 ZNKU sanktioniert.[354]

2.4.5 Rechtsbehelfe bei Gericht oder Verwaltungsbehörden

Ebenso wie der deutsche Gesetzgeber hat der polnische Gesetzgeber die Vorgaben des Art.11 FARL durch die Umsetzung der Richtlinie 98/27/EG vom 19.05.1998[355] über Unterlassungsklagen zum Schutz der Verbraucherinteressen erfüllt.[356]

2.5 Unabdingbarkeit und das sog. Richtlinien-IPR

Art.12 Abs.1 FARL hat der polnische Gesetzgeber durch Art.17 OchrKonU umgesetzt. Dieser besagt, dass die sich aus diesem Gesetz ergebenden Verbraucherrechte weder durch Vertragsgestaltung noch durch Wahl eines fremden Rechts als Vertragsrecht eingeschränkt oder ausgeschlossen werden können. Durch Art.17 OchrKonU ist auch der Art.353[1] KC, in dem das Prinzip der Vertragsfreiheit normiert ist, beschränkt worden, indem den Vorschriften des polnischen Fernabsatzgesetzes ein

---

349 *Lasota*, Verbraucherschutz im Internet nach polnischem Recht, S.32, *Kocot*, Nowe zasady zawierania i wykonywania umów, Teil II, PPH 2000, Nr.12, S.28, 29; *Hładyszewski* in: Nowińska/Cybula, Europejskie prawo konsumenckie a prawo polskie, S.129, 144; *Szostek*, Czynność prawna a środki komunikacji elektronicznej, S.305.

350 *Jagielska*, Umowy zawierane poza lokalem przedsiębiorstwa i na odległość, MoP 2000, Nr.9, S.559, 563; *Kocot*, Nowe zasady zawierania i wykonywania umów, Teil II, PPH 2000, Nr.12, S.28, 29; *Szostek*, Czynność prawna a środki komunikacji elektronicznej, S.305.

351 *Jagielska*, Umowy zawierane poza lokalem przedsiębiorstwa i na odległość, MoP 2000, Nr.9, S.559, 563. Art.23 KC betrifft den Schutz der persönlichen Rechtsgüter, Art.24 KC die Bedrohung eines Rechtsgutes.

352 Unter kommerzieller Kommunikation versteht man dabei gem. Art.2 Abs.2 UsługElektronU jegliche Informationen, die mittelbar oder unmittelbar der Förderung des Absatzes von Waren und Dienstleistungen oder der Darstellung des Erscheinungsbilds eines Unternehmens usw. dienen.

353 Dieses Gesetz ist die Umsetzung der Richtlinie 2000/31/EG vom 08.06.2000 über bestimmte rechtliche Aspekte der Dienste der Informationsgesellschaft, insb. des elektronischen Geschäftsverkehrs im Binnenmarkt (E-Commerce-Richtlinie), ABl. EG Nr. L 178 vom 17.07.2000, S.12 ff.

354 *Lasota*, Verbraucherschutz im Internet nach polnischem Recht, S.32; *Szostek*, Czynność prawna a środki komunikacji elektronicznej, S.306.

355 ABl. EG Nr. L 166 vom 11.06.1998, S.51 ff.

356 Die entsprechenden Regelungen bzgl. des Verfahrens von Verbraucherangelegenheiten befinden sich in der polnischen Zivilprozessordnung, Art.61 ff. und 63 ff. KPC.

semiimperativer Charakter verliehen wird, also von ihnen nur zu Gunsten des Verbrauchers abgewichen werden kann.

Die kollisionsrechtlichen Vorgaben, hat der polnische Gesetzgeber – im Gegensatz zur deutschen Umsetzung – direkt in den jeweiligen Gesetzen umgesetzt. Dies wird in der polnischen Literatur kritisiert, da durch diese Vielzahl von kollisionsrechtlichen Regelungen des Verbraucherschutzes das polnische IPR unübersichtlich wird.[357]

Gem. Art.17 OchrKonU darf der Schutz der in diesem Gesetz aufgeführten Verbraucherrechte nicht durch Wahl eines fremden Rechts als Vertragsrecht eingeschränkt oder ausgeschlossen werden. Dabei ist keine Unterscheidung in EU-Mitgliedsstaaten oder Drittstaaten vorgesehen, wie sie beispielsweise in Deutschland in Art.29a EGBGB geregelt ist.

Entsprechen die Bestimmungen des gewählten Rechts bzgl. der Verbraucherrechte im Fernabsatz nicht dem Niveau der polnischen Regelungen bzw. gehen nicht über deren Schutzniveau hinaus, dann kommt es zu einer kumulativen Anwendung des gewählten und des polnischen Rechts. Die Regelungen des polnischen Rechts ersetzen dabei diejenigen Vorschriften des gewählten Rechts, deren Schutzniveau niedriger ist als das des polnischen Rechts.[358] Art.17 OchrKonU ist jedoch nur bei einer Rechtswahl anzuwenden.[359] Wurde keine Rechtswahl getroffen, so bestimmt sich das anwendbare Recht nach den Regelungen des polnischen IPR.[360]

3. Zusammenfassung der Unterschiede der polnischen Umsetzung im Vergleich mit der Fernabsatzrichtlinie

3.1 Umsetzung des Anwendungsbereichs

Der Anwendungsbereich des polnischen Gesetzes über Fernabsatzverträge, der in Art.6 Abs.1 OchrKonU geregelt ist, entspricht sinngemäß und ohne Abweichung den Vorgaben der Fernabsatzrichtlinie. Bei verwendeten Begriffen, die nicht genau bestimmt sind, wie beispielsweise das für den Fernabsatz organisierte Vertriebs- und Dienstleistungssystem, muss im Zweifel eine richtlinienkonforme Auslegung erfolgen.

3.2 Umsetzung der Informationspflichten

Die Informationspflichten wurden vom polnischen Gesetzgeber in Art.9 OchrKonU umgesetzt. Der Inhalt der Informationen wurde dabei dergestalt geregelt, dass der komplette in Art.4 und 5 FARL normierte Informationskatalog dem Verbraucher sowohl vor Vertragsabschluss mitgeteilt, als auch nach Vertragsabschluss übermittelt werden muss. Lediglich die in Art.5 FARL festgelegte Pflicht, den Verbraucher über den Kundendienst und über geltende Garantiebedingungen zu informieren, wurde vom polnischen Gesetzgeber nicht umgesetzt.

---

357 *Lasota*, Verbraucherschutz im Internet nach polnischem Recht, S.270.

358 *Czepelak*, in: Nowińska/Cybula, Europejskie prawo konsumenckie a prawo polskie, S.497, 514 f.

359 Nach *Czepelak*, in: Nowińska/Cybula, Europejskie prawo konsumenckie a prawo polskie, S.497, 516, ergibt sich diese Beschränkung auf die Rechtswahl aus der wörtlichen Auslegung des Art.12 Abs.2 FARL. Inwieweit dies jedoch dem Zweck der Richtlinie entspricht, darauf geht der Autor nicht ein.

360 Czepelak, in: Nowińska/Cybula, Europejskie prawo konsumenckie a prawo polskie, S.497, 515. Siehe ausführlicher zum polnischen IPR: *Ernst/Spyra* in: Liebscher/Zoll (Hrsg.), Einführung in das polnische Recht, München, 4.Teil, § 13.

Der polnische Gesetzgeber hat die Informationspflichten aber dahingehend erweitert, dass ein Unternehmer seinen Namen und seine Anschrift immer anzugeben hat. Da mit dieser Änderungen ein höherer Schutz des Verbrauchers gewährleistet wird, sind sie gem. Art.14 FARL zulässig.

Ferner müssen die vorvertraglichen Informationen tatsächlich übermittelt und nicht wie im deutschen Recht nur zur Verfügung gestellt werden.

Bezüglich der Form der vertraglichen Informationspflichten ist laut Art.9 Abs.3 OchrKonU lediglich die Schriftform zulässig, die Nutzung eines dauerhaften Datenträgers wurde nicht vorgesehen. Diese Regelung stellt eine strengere Umsetzung zu Lasten der Unternehmer dar und ist daher gem. Art.14 zulässig.

Die restlichen Vorgaben der Fernabsatzrichtlinie bzgl. der Informationspflichten wurden vom polnischen Gesetzgeber, abgesehen von sprachlichen Anpassungen, detailgetreu umgesetzt.

3.3 Umsetzung des Widerrufsrechts

Die wenigen Vorgaben der Fernabsatzrichtlinie bzgl. der Voraussetzungen des Widerrufsrechts wurden vom polnischen Gesetzgeber detailgetreu umgesetzt. Lediglich die Widerrufsfrist wurde auf 10 Kalendertage erweitert. Bei den Rechtsfolgen des Widerrufs ist es in der polnischen Literatur umstritten, ob die Kosten der Rücksendung der Ware dem Verbraucher vertraglich auferlegt werden können.[361] Bezüglich der Rückerstattung des bisher Geleisteten hat der polnische Gesetzgeber die Rückgabefrist von 30 auf 14 Tage verkürzt. Zusätzlich hat der Unternehmer die vom Verbraucher geleistete Zahlung zu verzinsen. Einen Rechtsstreit bzgl. der Haftung des Verbrauchers wie in Deutschland[362] gibt es in Polen nicht, da ein Verbraucher gem. Art.7 Abs.3 OchrKonU lediglich bei Verschulden den durch ihn entstandenen Schaden zu ersetzen hat.

Die Vorgaben des Art.6 Abs.4 FARL bzgl. verbundener Verträge wurden in Art.13 Abs.2 OchrKonU normiert, wobei die Einzelheiten der Auflösung, die von den Mitgliedsstaaten festzulegen waren, vom polnischen Gesetzgeber richtlinienkonform umgesetzt wurden.

3.4 Weitere verbraucherschützende Maßnahmen

Die in Art.7 FARL geregelte Vertragsdurchführung wurde in Art.12 OchrKonU sinngemäß umgesetzt. Der polnische Gesetzgeber hat jedoch zusätzlich in Art.11 Abs.1 OchrKonU ein generelles Vorleistungsverbot des Verbrauchers geregelt.

Die Regelung bzgl. des Missbrauchs von Zahlungskarten wurde in Art.8 OchrKonU entsprechend den Vorgaben des Art.8 FARL umgesetzt. Auch Art.9 FARL wurde z.T. sinngemäß in Art.15 OchrKonU umgesetzt, indem durch das Zusenden unverlangter Waren oder Dienstleistungen weder vertragliche noch gesetzliche Ansprüche entstehen. Der polnische Gesetzgeber hat es jedoch versäumt, Maßnahmen zu treffen, die diese Geschäftspraxis generell unterbinden. Eine strengere Umsetzung erfolgt bei der Umsetzung des Art.10 FARL, da bei allen Fernkommunikationstechniken die opt-in-Lösung gewählt wurde.

---

361 Siehe dazu: 2.Teil, III.2.3.2.1 (S.69 f.).

362 Siehe dazu: 2.Teil, II.2.3.2.3 (S.49 f.).

3.5 Unabdingbarkeit und das sog. Richtlinien-IPR

Die polnische Lösung des Richtlinien-IPR ist nicht sehr gelungen. Nicht nur, dass es aufgrund der Vielzahl von kollisionsrechtlichen Regelungen in unterschiedlichen Gesetzen an Übersichtlichkeit mangelt, es ist auch fraglich, ob diese Regelung des polnischen Gesetzgebers überhaupt richtlinienkonform ist. Das polnische Richtlinien-IPR verdrängt nämlich das Recht von Mitgliedsstaaten, was nicht den Intentionen des europäischen Gesetzgebers entspricht.[363] Aus Sicht des Verbraucherschutzes ist aber positiv anzumerken, dass im polnischen Richtlinien-IPR ein Günstigkeitsprinzip normiert wurde.

3.6 Fazit

Der polnische Gesetzgeber hat mit dem von ihm erlassenen Gesetz über Fernabsatzverträge die nötige Grundlage für einen Verbraucherschutz in diesem Bereich geschaffen, wobei er sich größtenteils für eine Übernahme des Wortlauts der Richtlinie entschieden hat.[364] So konnte die Richtlinie zwar recht zügig umgesetzt werden,[365] allerdings ist dabei keine Übersichtlichkeit in der Umsetzung im polnischen Recht erreicht worden[366] und leider sind in manchen Fällen auch neue Rechtsprobleme entstanden. Dadurch kommt es zu Spannungen mit dem bestehenden Rechtssystem.[367] Da die Literatur zum Verbraucherschutz nicht sehr umfangreich ist, ist man bei vielen Fragen auf die Rechtsprechung angewiesen. Es ist zu hoffen, dass es in den nächsten Jahren einschlägige Entscheidungen geben wird.[368]

Dabei besteht zusätzlich die Schwierigkeit, dass man sich oft sowohl in der Literatur als auch bei den Gerichten noch nicht an die EU angepasst hat, so dass manchmal EU-rechtliche Einflüsse übersehen oder schlichtweg ignoriert werden.

---

[363] Für eine solche Auslegung spricht die Formulierung Drittstaat, die in den unterschiedlichen Richtlinien, in denen kollisionsrechtliche Aspekte normiert wurden, verwendet wurde.

[364] So auch: *Lasota*, Verbraucherschutz im Internet nach polnischem Recht, S.16; *Glatz*, Die Entwicklung des polnischen Zivilrechts – Darstellung und Bewertung unter dem Aspekt des wirtschaftlichen Wandels, S.205 f.; *Haidenhain*, Das Verbraucherschutzrecht in Polen und in der Europäischen Union, S.218.

[365] Polen befand sich 1997/1998 bzgl. der Rechtsangleichung im Rückstand. Dabei wurden insb. die Vorschriften der Angleichung des Verbraucherschutzes von der EU-Kommission als unvollkommen beurteilt, so dass im März 2000 eine Reihe von Gesetzen zur Umsetzung der verbraucherschutzrechtlichen Vorgaben der EU erlassen wurde. Dieser „Zeitdruck" des polnischen Gesetzgebers hat sich z.T. auf die Qualität der erlassenen Gesetze ausgewirkt.

[366] *Haidenhain*, Das Verbraucherschutzrecht in Polen und in der Europäischen Union, S.218.

[367] So auch: *Lasota*, Verbraucherschutz im Internet nach polnischem Recht, S.16.

[368] Dieser Mangel an polnischer Literatur und gerichtlichen Entscheidungen hängt einerseits damit zusammen, dass es in der Phase des Sozialismus in Polen keine verbraucherrechtlichen Vorschriften gab und daher viele verbraucherrechtliche Problematiken sowohl den Verbrauchern als auch den entscheidenden Gerichten unbekannt sind. Andererseits war bis 2004 der Zugang zum Markt für Juristen aufgrund des Zulassungsverfahrens, der sog. Applikation, stark beschränkt, so dass die Anzahl der praktizierenden Juristen gering war. Dadurch kam es kaum zu verbraucherrechtlichen Gerichtsverfahren. Vgl. *Ernst* in Liebscher/Zoll, Einführung in das polnische Recht, 1.Teil, Rn.10.

3. Teil: Abschnitt 3 der E-Commerce-Richtlinie über den Abschluss von Verträgen auf elektronischem Weg

I. Einleitung

Eine weitere Regelung des europäischen Gesetzgebers, die ein einwandfreies Funktionieren des Binnenmarktes ermöglichen soll, ist die Richtlinie 2000/31/EG vom 08.06.2000[369] über bestimmte rechtliche Aspekte der Dienste der Informationsgesellschaft, insb. des elektronischen Geschäftsverkehrs im Binnenmarkt (E-Commerce-Richtlinie). Ziel dieser Richtlinie ist es, Hemmnisse für den grenzüberschreitenden E-Commerce abzubauen und gleiche Wettbewerbsbedingungen für Anbieter zu schaffen.[370] Da sie aber u.a. potentiellen Gefahren bei der Verwendung von elektronischen Kommunikationsmitteln entgegenwirkt, dient sie generell dem Kunden- und somit ebenfalls dem Verbraucherschutz.[371] Aus den Regelungen dieser Richtlinie folgen somit zusätzliche Pflichten eines Unternehmers beim Abschluss von Fernabsatzverträgen, jedoch nur wenn dabei elektronische Kommunikationsmittel verwendet werden.

Da die gesamte Darstellung der Vorschriften der E-Commerce-Richtlinie und ihre jeweilige Umsetzung in Deutschland und in Polen den Rahmen dieser Arbeit sprengen würde, sollen nur kurz zwei Aspekte aus Abschnitt 3 der E-Commerce-Richtlinie über den Abschluss von Verträgen auf elektronischem Wege erläutert werden, da diese sich u.U. auf den Abschluss eines Fernabsatzvertrages auswirken.[372]

II. Die E-Commerce-Richtlinie

Die E-Commerce-Richtlinie findet Anwendung bei Diensten der Informationsgesellschaft, die zwischen einem Diensteanbieter[373] und einem Nutzer[374] oder Verbraucher[375] erfolgen. Diese Dienste der Informationsgesellschaft liegen gem. Art.2 lit.a ECRL i.V.m. Art.1 Nr.2 der Richtlinie 98/34/EG[376] i.d.F. der Richtlinie 98/48/EG[377] bei Dienstleistungen vor, die im Fernabsatz i.d.R. gegen Entgelt und mittels Geräten für die elektronische Verarbeitung und Speicherung von Daten auf individuellen Abruf eines Empfängers erbracht werden. Obwohl hier vom Wortlaut her nur Dienstleistun-

---

369 ABl. EG Nr. L 178 vom 17.07.2000, S.1 ff.

370 Siehe u.a. Erwägungsgrund (2), (3) und (8) ECRL.

371 Im Gegensatz zur Fernabsatzrichtlinie gelten die Regelungen der E-Commerce-Richtlinie nicht nur für Beziehungen zwischen Unternehmern und Verbrauchern, sondern auch für reine Unternehmensbeziehungen.

372 Auf die Darstellung des Art.9 ECRL wird verzichtet, da in beiden Staaten ein Abschluss von Verträgen auf elektronischem Wege möglich ist und Hindernisse beispielsweise in Form von Formvorschriften beseitigt wurden.

373 Gem. Art.2 lit.b ECRL ist ein Diensteanbieter jede natürliche oder juristische Person, die einen Dienst der Informationsgesellschaft anbietet.

374 Gem. Art.2 lit.d ECRL ist ein Nutzer jede natürliche oder juristische Person, die zu beruflichen oder sonstigen Zwecken einen Dienst der Informationsgesellschaft in Anspruch nimmt, insb. um Informationen zu erlangen oder zugänglich zu machen.

375 Der Begriff des Verbrauchers wird in Art.2 lit.e ECRL definiert und entspricht wörtlich dem Verbraucherbegriff der Fernabsatzrichtlinie.

376 ABl EG Nr. L 204 vom 22.06.1998, S.37 ff.

377 ABl EG Nr. L 217 vom 05.08.1998, S.18 ff.

gen erfasst sind, gelten die Bestimmungen der E-Commerce-Richtlinie gem. Erwägungsgrund (18) ECRL auch für die Lieferung von Waren.[378]

In den Artt.10 und 11 ECRL werden einem Diensteanbieter weitere Informationspflichten auferlegt, sowie das Vertragsabschlussverfahren geregelt. Diese Regelungen können bei Verträgen mit Verbrauchern nicht abbedungen werden.

1. Informationspflichten

Ein Diensteanbieter muss gem. Art.10 ECRL folgende Informationen[379] klar, verständlich und unzweideutig erteilen, bevor ein Nutzer des Dienstes die Bestellung abgibt:

- die einzelnen technischen Schritte, die zu einem Vertragsabschluss führen,
- Angaben dazu, ob der Vertragstext nach Vertragsabschluss vom Diensteanbieter gespeichert wird und ob er zugänglich sein wird,
- die technischen Mittel zur Erkennung und Korrektur von Eingabefehlern vor Abgabe der Bestellung,
- die für den Vertragsabschluss zur Verfügung stehenden Sprachen.

Außerdem muss der Diensteanbieter gem. Art.10 Abs.2 ECRL alle einschlägigen Verhaltenskodizes angeben, denen er sich unterwirft, einschließlich Informationen darüber, wie diese Kodizes auf elektronischem Wege zugänglich sind.[380] Des Weiteren müssen dem Nutzer gem. Art.10 Abs.3 FARL die Vertragsbestimmungen und die AGB so zur Verfügung gestellt werden, dass er sie speichern und reproduzieren kann. Zu welchem Zeitpunkt ein Diensteanbieter diesen Pflichten nach Art.10 Abs.3 ECRL nachkommen muss, wurde in der E-Commerce-Richtlinie nicht festgelegt. Aufgrund des Zwecks dieser Vorschrift kommt aber nur eine Verpflichtung des Diensteanbieters, den Kunden vor Abschluss des Vertrages zu informieren, in Betracht.[381]

Nach Art.10 Abs.4 ECRL gelten die in Art.10 Abs.1 und 2 ECRL aufgeführten Pflichten nicht für Verträge, die nur durch den Austausch von elektronischer Post oder durch damit vergleichbare individuelle Kommunikation geschlossen werden.

2. Vertragsabschlussverfahren

In Art.11 Abs.1 ECRL werden Anforderungen an das Verfahren des Vertragsabschlusses gestellt, indem ein Diensteanbieter den Eingang der Bestellung des Nutzers unverzüglich auf elektronischem Wege zu bestätigen hat. Sowohl die Bestellung als auch die Empfangsbestätigung gelten dabei als eingegangen, wenn sie von der jeweiligen Partei abgerufen werden können.

---

[378] Ebenso: Staudinger/*Thüsing* (2005), § 312e Rn.15.

[379] Laut Erwägungsgrund (13) ECRL dienen diese Informationspflichten als Ergänzung für die in der Fernabsatzrichtlinie normierten Informationserzeugnisse.

[380] Unklar ist die rechtliche Bedeutung dieser Kodizes. Vermutlich beruht die Richtlinie auf der Vorstellung, dass sich der Diensteanbieter dem Regelwerk eines Berufsverbands freiwillig unterwirft. Ob der Nutzer aus der Unterwerfung und dem Inhalt der Regelungen eines solchen Kodex Ansprüche herleiten kann, ergibt sich nicht aus der Richtlinie. Vgl. dazu: *Thode*, Die Electronic-Commerce-Richtlinie, NZBau 2001, 345, 352.

[381] So auch *Thode*, Die Electronic-Commerce-Richtlinie, NZBau 2001, 345, 352. Ihm zufolge ist der Sinn und Zweck der Regelung, den Nutzer in der Weise über den Inhalt des Vertragstextes einschließlich der allgemeinen Geschäftsbedingungen zu informieren, dass er den Text prüfen und entscheiden kann, ob er den Vertrag abschließen möchte.

Weiterhin muss ein Diensteanbieter gem. Art.11 Abs.2 ECRL dem Nutzer angemessene, wirksame und zugängliche technische Mittel zur Verfügung stellen, mit denen er Eingabefehler vor Abgabe der Bestellung erkennen und korrigieren kann.

Der Diensteanbieter muss jedoch gem. Art.11 Abs.3 FARL bei Verträgen, die ausschließlich durch den Austausch von elektronischer Post oder durch vergleichbare individuelle Kommunikation geschlossen wurden, weder den Eingang der Bestellung bestätigen (Art.11 Abs.1 SpStr.1 ECRL) noch die technischen Voraussetzungen einer Fehlerkorrektur durch den Nutzer vor Abgabe der Bestellung (Art.11 Abs.2 ECRL) ermöglichen.

Rechtlichen Fragen wie beispielsweise das Zustandekommen des Vertrages oder die Rechtsfolgen eines Verstoßes gegen diese Vorschriften werden in dieser Richtlinie nicht geregelt, sondern richten sich nach innerstaatlichem Recht, bzw. bei grenzüberschreitenden Fällen nach dem materiellen Recht, das durch das Kollisionsrecht des mit der Sache befassten Gerichts eines Mitgliedstaates als Vertragsstatut berufen ist.[382]

III. Umsetzung in deutsches Recht

Die E-Commerce-Richtlinie wurde – sofern Umsetzungsbedarf bestand – durch Integration und Anpassung der Regelungen in das BGB, die ZPO sowie das Tele- und Mediendienstegesetz umgesetzt. Dabei hat der deutsche Gesetzgeber die Artt.10 und 11 ECRL in § 312e BGB normiert.

1. Anwendungsbereich

Voraussetzung für die Anwendung dieser Regelung ist gem. § 312e Abs.1 S.1 BGB, dass ein Unternehmer zum Zwecke des Abschlusses eines Vertrages[383] sich eines Tele-[384] oder Mediendienstes[385] bedient[386]. Entsprechend den Vorgaben der E-Commerce-Richtlinie greift § 312e BGB also nur, wenn der Vertrag unter Einsatz von elektronischen Kommunikationsmitteln zustande kommt.[387] Daher ist § 312e BGB bei

---

[382] *Thode*, Die Electronic-Commerce-Richtlinie, NZBau 2001, 345, 352 f.

[383] In der E-Commerce-Richtlinie gibt es kein dem „zum Zwecke des Abschlusses eines Vertrages" entsprechendes Tatbestandsmerkmal. Der deutsche Gesetzgeber hat diese Beschränkung eingeführt, um zu verhindern, dass der Anwendungsbereich des § 312e BGB überschritten wird. Die in der E-Commerce-Richtlinie geregelten Dienste der Informationsgesellschaft sind nämlich auf wirtschaftliche Informations- und Kommunikationsdienste beschränkt. Vgl. Staudinger/*Thüsing* (2005), § 312e Rn.22; MünchKommBGB/*Wendehorst* Bd.2a § 312e Rn.41 ff.

[384] Nach § 2 Abs.1 TDG handelt es sich bei Telediensten um alle elektronischen Informations- und Kommunikationsdienste, die für eine individuelle Nutzung von kombinierbaren Daten wie Zeichen, Bildern oder Tönen bestimmt sind und denen eine Übermittlung mittels Telekommunikation zugrunde liegt. Ein individueller Abruf liegt vor, wenn die Übertragung der Daten auf eine individuelle Anforderung hin statt findet und nicht gleichzeitig an eine unbegrenzte Zahl von Empfängern erbracht wird. Vgl. MünchKommBGB/*Wendehorst* Bd.2a § 312e Rn.34 ff.

[385] Nach § 2 Abs.1 S.1 MDStV handelt es sich bei Mediendiensten zunächst um an die Allgemeinheit gerichtete Informations- und Kommunikationsdienste.

[386] Vgl. MünchKommBGB/*Wendehorst* Bd.2a § 312e Rn.38. Demnach bedient sich ein Unternehmer eines Tele- oder Mediendienstes dann, wenn er ihn zurechenbar und aktiv im funktionellen Zusammenhang mit der von ihm ausgeübten wirtschaftlichen Tätigkeit einsetzt. Ebenso: Staudinger/*Thüsing* (2005), § 312e Rn.21.

[387] Palandt/*Grüneberg*, § 312e Rn.2; *Rünz*, Verbraucherschutz im Fernabsatz, S.32.

Verträgen im Fernabsatz, die im elektronischen Geschäftsverkehr zustande kommen, zu beachten.[388]

Weiterhin muss der Vertrag, der ein Vertrag über die Lieferung von Waren oder über die Erbringung von Dienstleistungen[389] ist, gem. § 312e Abs.1 BGB zwischen einem Unternehmer und einem Kunden geschlossen worden sein. Dabei ist nicht von Belang, ob es sich bei dem Kunden um einen Verbraucher oder um einen Unternehmer handelt.[390] Der Begriff des Unternehmers nach § 14 BGB ist jedoch enger als der in der E-Commerce-Richtlinie verwendete Begriff des Diensteanbieters, der nur auf die Entgeltlichkeit abstellt, und ist daher richtlinienkonform, also weiter auszulegen.[391]

Der Anwendungsbereich des § 312e BGB wird entsprechend den Vorgaben der E-Commerce-Richtlinie in § 312e Abs.2 BGB eingeschränkt.[392]

2. Pflichten des Unternehmers

Die Pflichten, die einen Unternehmer gem. § 312e BGB treffen, stimmen mit denen in den Artt.10 und 11 FARL überein. So entsprechen die Informationspflichten des § 312e Abs.1 S.1 Nr.1 BGB i.V.m. § 3 BGB-InfoV fast wörtlich denen des Art.10 FARL.[393]

Auch die Verpflichtungen des Unternehmers, die Korrektur von Eingabefehlern zu ermöglichen (§ 312e Abs.1 S.1 Nr.1 BGB), den Zugang der Bestellung[394] unverzüglich auf elektronischem Wege[395] zu bestätigen (§ 312e Abs.1 S.1 Nr.3 BGB)[396] und einen Abruf der Vertragsbestimmungen zu ermöglichen (§ 312e Abs.1 S.1 Nr.4 BGB), entsprechen ohne Abweichungen denen der E-Commerce-Richtlinie.[397]

3. Rechtsfolgen der Verletzung der Pflichten

Ein Vertrag wird nur deshalb, weil diese Pflichten nicht eingehalten wurden, nicht unwirksam.[398] Jedoch können einem Kunden u.a. Schadensersatzansprüche gem. §§ 311 Abs.2, 241 Abs.2 i.V.m. 280 BGB zustehen. Sofern dem Kunden ein Widerrufsrecht nach § 355 BGB zusteht, beginnt gem. § 312e Abs.4 BGB die Widerrufsfrist

---

388 Palandt/*Grüneberg*, § 312e Rn.4; *Aigner/Hofmann*, Fernabsatzrecht im Internet, Rn.338.

389 Der Dienstleistungsbegriff muss hier ebenfalls richtlinienkonform ausgelegt werden. Vgl. Staudinger/*Thüsing* (2005), § 312e Rn.26; MünchKommBGB/*Wendehorst* Bd.2a § 312e Rn.17 ff.

390 Palandt/*Grüneberg*, § 312e Rn.3; Hk-Vertriebsrecht/*Micklitz*, § 312e BGB Rn.14.

391 *Rünz*, Verbraucherschutz im Fernabsatz, S.32; Hk-Vertriebsrecht/*Micklitz*, § 312e BGB Rn.13; Staudinger/*Thüsing* (2005), § 312e Rn.4; MünchKommBGB/*Wendehorst* Bd.2a § 312e Rn.13 ff.; *Seiler*, Verbraucherschutz auf elektronischen Märkten, S.350 f.

392 Siehe dazu ausführlicher: Staudinger/*Thüsing* (2005), § 312e Rn.28 ff.

393 Bezüglich des in § 312e BGB aufgeführten Transparenzgebots und der Bedeutung des Ausdrucks rechtzeitig siehe auch: 2.Teil, II.2.2.1.2 (S.40) und II.2.2.1.3 (S.41 ff.).

394 Mit einer Bestellung i.S.d. § 312e Abs.1 S.1 Nr.1 BGB ist nicht nur die Vertragserklärung des Kunden selbst gemeint, sondern jede Art der Kommunikation zwischen Kunden und Unternehmern, die dem Vertragsabschluss vorgelagert ist. Vgl. Staudinger/*Thüsing* (2005), § 312e Rn.38.

395 Vgl. MünchKommBGB/*Wendehorst* Bd.2a § 312e Rn.96. „Auf elektronischem Wege" bedeutet demnach, dass die Bestätigung in Form einer Email erfolgt. Möglich ist auch Bestätigung durch Erbringung der Dienstleistung online. Siehe Erwägungsgrund (34) ECRL.

396 Auch bei fehlender Bestätigung liegt unter den Voraussetzungen des § 130 BGB ein wirksamer Zugang vor. Vgl. Palandt/*Grüneberg*, § 312e Rn.7.

397 Siehe ausführlicher zu den Pflichten des Unternehmers: Staudinger/*Thüsing* (2005), § 312e Rn.27.

398 Palandt/*Grüneberg*, § 312e Rn.11; Staudinger/*Thüsing* (2005), § 312e Rn.65.

nicht vor Erfüllung dieser in § 312e Abs.1 S.1 BGB geregelten Pflichten zu laufen.[399] Eine solche Regelung ist zwar nicht in der E-Commerce-Richtlinie enthalten, diese Abweichung ist aber gerechtfertigt, da damit die Einhaltung der in den Artt.10 und 11 ECRL enthaltenen Vorgaben sichergestellt werden soll.[400] Nach dem Wortlaut des § 312e Abs.3 BGB wird dieser Fristbeginn auch bei Pflichtverletzungen, die offensichtlich nicht für die Ausübung des Widerrufsrechts von Bedeutung sind, hinausgeschoben. In der Literatur wird jedoch die Ansicht vertreten, dass dies die Interessen des Unternehmers erheblich beeinträchtigt und daher § 312e Abs.3 S.2 so verstanden werden muss, dass sich die Widerrufsfrist nur verlängert, wenn der Unternehmer eine für das Widerrufsrecht bedeutende Pflicht verletzt hat.[401]

IV. Umsetzung in polnisches Recht

Der polnische Gesetzgeber hat die E-Commerce-Richtlinie zum größten Teil durch das Gesetz vom 18.07.2002 über Dienstleistungen auf elektronischem Wege (*ustawa o świadczeniu usług drogą elektroniczną*)[402] umgesetzt. Die hier behandelten Artt.10 und 11 ECRL über den Vertragsabschluss wurden aber mit einer Ausnahme direkt im *kodeks cywilny*, in Art.66¹ KC umgesetzt. Insgesamt ist die polnische Umsetzung dieses Teils der E-Commerce-Richtlinie nicht gelungen, da sie statt der notwendigen Klarheit einige neue dogmatische Probleme geschaffen hat.[403]

1. Anwendungsbereich

Der Art.66¹ KC wird generell bei Angeboten, die in elektronischer Form abgegeben werden, angewendet. Handelt es sich bei dem Anbietenden um einen Unternehmer, so treffen ihn gem. Art.66¹ § 2 KC die dort bestimmten Informationspflichten. Der polnische Begriff des Unternehmers muss dabei aber – ebenso wie in der deutschen Umsetzung – richtlinienkonform ausgelegt werden,[404] da der in der E-Commerce-Richtlinie verwendete Begriff des Diensteanbieters weiter gefasst ist.[405]

Entsprechend den Vorgaben des europäischen Gesetzgebers sind gem. Art.66¹ § 4 S.1 KC vom Anwendungsbereich dieser Vorschrift Verträge ausgenommen, die mittels der elektronischen Post oder eines ähnlichen Fernmeldemittels abgeschlossen wurden. Ferner können die sich aus diesem Artikel ergebenden Verpflichtungen gem. Art.66¹ § 4 S.2 KC bei Verträgen mit Verbrauchern nicht abbedungen werden.

2. Pflichten des Unternehmers

Ein Unternehmer ist gem. Art.66¹ § 2 KC verpflichtet, die andere Partei vor Abschluss eines Vertrags in eindeutiger und verständlicher Weise über alle Informationen, die im Informationskatalog dieser Norm enthalten sind, in Kenntnis zu setzen. Diese Informationspflichten treffen den Unternehmer aber nicht nur, wenn er ein Angebot un-

---

399 Palandt/*Grüneberg*, § 312e Rn.11.
400 Staudinger/*Thüsing* (2005), § 312e Rn.4.
401 Staudinger/*Thüsing* (2005), § 312e Rn.62; MünchKommBGB/*Wendehorst* Bd.2a § 312e Rn.113; Palandt/*Grüneberg*, § 312e Rn.11.
402 Dz.U. Nr.144, Pos.1204.
403 *Lasota*, Verbraucherschutz im Internet nach polnischem Recht, S.118.
404 *Korus*, Prawo handlu elektronicznego, S.98; *Stanisławska-Kloc* in: Nowińska/Cybula, Europejskie prawo konsumenckie a prawo polskie, S.249, 271 f.
405 Siehe: 3.Teil, II. (S.79 f.) sowie zu dem jeweiligen Unternehmerbegriff: 2.Teil, II.2.1.1 (S.43 f.) und 2.Teil, III.2.1.1 (S.60 f.).

terbreitet, sondern gem. Art.66[1] § 3 KC auch dann, wenn er die andere Partei zur Aufnahme von Verhandlungen, zur Abgabe von Angeboten oder zum Vertragsabschluss auf andere Weise einlädt.

Diese Informationen entsprechen dabei sinngemäß den Vorgaben der E-Commerce-Richtlinie. Zusätzlich muss der Unternehmer – aus den unten aufgeführten Gründen – jedoch gem. Art.66[1] § 2 Nr.2 KC auf die Rechtsfolgen der Bestätigung des Empfangs des Angebots durch die andere Partei, sprich auf ihre bindende Wirkung hinweisen.[406] Auch die Verpflichtungen des Unternehmers aus Art.66[1] § 2 Nr.4 KC, die Korrektur von Eingabefehlern zu ermöglichen,[407] entsprechen den Anforderungen der E-Commerce-Richtlinie.

Die Verpflichtung gem. Art.10 Abs.3 ECRL bzgl. der Ermöglichung eines Abrufs der Vertragsbestimmungen hat der polnische Gesetzgeber etwas unglücklich gelöst. Einerseits besteht mit Art.384 § 4 KC eine Norm, die die Frage der Einbeziehung von in elektronischer Gestalt verwendeten AGB regelt. Demnach muss ein Verwender die AGB dergestalt zugänglich machen, dass die andere Partei diese aufbewahren und im gewöhnlichen Geschäftsbetrieb rekonstruieren kann.[408] Andererseits wurde im Zuge der Umsetzung der E-Commerce-Richtlinie eine entsprechende Regelung in Art.8 Nr.2 UsługElektronU normiert, wobei ein Diensteanbieter dazu verpflichtet wird, der anderen Partei die AGB unentgeltlich zu Verfügung zu stellen,[409] aber nur auf deren Verlangen hin ein Abrufen und Festhalten der AGB zu ermöglichen hat.[410] Das Verhältnis zwischen Art.384 KC und Art.8 UsługElektronU ist unklar. Es wird aber in der Literatur die Ansicht vertreten, dass die Regelungen des Art.8 UsługElektronU Vorrang haben.[411]

Die Vorgaben des Art.11 ECRL bzgl. der Bestätigung der Bestellung des Nutzers hat der polnische Gesetzgeber umgesetzt, indem er in Art.66[1] § 1 KC bestimmt, dass ein abgegebenes Angebot für den Anbieter keine bindende Wirkung hat, sofern die andere Partei seinen Erhalt nicht unverzüglich bestätigt. Da im polnischen Recht eine Internetseite, ebenso wie im deutschen, eine *invitatio ad offerendum* darstellt,[412] gibt der Verbraucher mit seiner Bestellung ein Angebot ab, dessen Empfang der Unternehmer bestätigen muss.[413] Bei der Frage des Zugangs dieser Bestätigung wird

---

[406] Diese Vorgabe hängt mit der Umsetzung der Vorgaben des Art.11 ECRL bzgl. der Bestätigung der Bestellung des Nutzers zusammen, die weiter unten erläutert wird.

[407] Vgl. *Lasota*, Verbraucherschutz im Internet nach polnischem Recht, S.122 ff.

[408] Laut *Liebscher/Zoll* in: Liebscher/Zoll, Einführung in das polnische Recht, § 5 Rn.44, ist es nach Art.384 § 4 KC daher nicht ausreichend, die AGB allein auf einer Website auszustellen, sondern die andere Partei muss ohne zusätzlichen Aufwand die Möglichkeit haben, die AGB auf den eigenen Rechner zu laden und immer abspielen zu können.

[409] Stellt ein Unternehmer dem Verbraucher seine AGB nicht wie in Art.8 UsługElektronU vorgeschrieben zur Verfügung, so werden sie – ebenso wie im deutschen Recht – nicht Bestandteil des Vertrages.

[410] Laut *Stanisławska-Kloc* in: Nowińska/Cybula, Europejskie prawo konsumenckie a prawo polskie, S.249, 283 f., sind diese Anforderungen beispielsweise durch einen Link zu einer Website mit den entsprechenden AGB erfüllt.

[411] *Stanisławska-Kloc* in: Nowińska/Cybula, Europejskie prawo konsumenckie a prawo polskie, S.249, 283; *Rączka*, Ochrona konsumentów w usługach świadczonych drogą elektroniczną, PPH 2005, Nr.7, S.30, 34; *Konarski*, Ustawa o świadczeniu usług drogą electroniczną, S.104.

[412] Einer *invitatio ad offerendum* fehlt es gem. Art.71 KC im Zweifel am Rechtsbindungswillen.

[413] Der europäische Gesetzgeber hat die Mitgliedsstaaten dazu verpflichtet, die Einhaltung dieser Vorschrift sicherzustellen. Da ein Unternehmer schon aus Gründen der Rechtssicherheit ein Inte-

Art.61 § 2 KC, der den Zugang bei elektronischen Willenserklärungen regelt, analog[414] angewendet.[415]

3. Rechtsfolgen der Verletzung der Pflichten

Der abgeschlossene Vertrag wird bei einer Nichteinhaltung dieser Pflichten nicht unwirksam. Eine direkte Sanktion, wie die im deutschen Recht geregelte Verlängerung der Widerrufsfrist, ist in der polnischen Umsetzung nicht getroffen worden. Bei der Verletzung der Informationspflichten können jedoch dem Verbraucher eventuell Schadensersatzansprüche nach den Regelungen des *kodeks cywilny* zustehen bzw. bei fehlenden *essentialia negotii* der Vertrag nicht zustande kommen. Es ist jedoch zweifelhaft, inwieweit dies ausreichend ist, um eine Einhaltung der Erfüllung dieser Pflichten sicherzustellen, wie es in Art.11 Abs.1 ECRL von den Mitgliedsstaaten verlangt wird.[416]

---

resse daran hat, die eingegangenen Bestellungen des Verbrauchers zu bestätigen, ist diese Regelung richtlinienkonform.

414 Der polnische Gesetzgeber hat keine eindeutige Regelung bzgl. des Zugangs dieser Bestätigung getroffen. Diese stellt nämlich nach polnischem Recht keine Willenserklärung, sondern allenfalls eine Wissenserklärung dar. Daher können die Regelungen des *kodeks cywilny* bzgl. des Zugangs von Willenserklärungen nicht direkt angewendet werden. Siehe dazu auch: *Lasota*, Verbraucherschutz im Internet nach polnischem Recht, S.117 f.

415 Siehe dazu ausführlicher: *Lasota*, Verbraucherschutz im Internet nach polnischem Recht, S.110 ff.

416 Nach *Lasota*, Verbraucherschutz im Internet nach polnischem Recht, S.129, ist aufgrund des Fehlens von Sanktionen die Erfüllung dieser Pflichten durch den Diensteanbieter nicht sichergestellt.

4. Teil: Vergleich der deutschen und der polnischen Umsetzung der Fernabsatzrichtlinie sowie des Abschnitts 3 der E-Commerce-Richtlinie über den Abschluss von Verträgen auf elektronischem Weg

Im Folgenden werden die polnische und die deutsche Umsetzung der Fernabsatzrichtlinie gegenübergestellt und miteinander verglichen. Dabei werden die wesentlichen Unterschiede herausgearbeitet und zusammengefasst.

I. Die Fernabsatzrichtlinie

1. Der Anwendungsbereich

1.1 Persönlicher Anwendungsbereich

In den Umsetzungen beider Länder ist der Verbraucher eine natürliche Person, wobei nach Meinungen in der polnischen Literatur u.U. auch juristische Personen oder in Art.33^1 § 1 KC genannte Organisationseinheiten Verbraucher i.S.d. Art.22^1 KC sein können. Im persönlichen Anwendungsbereich ergeben sich in den beiden Rechtsordnungen außerdem dahingehend Unterschiede, dass beim deutschen Verbraucherbegriff auf den Zweck des Rechtsgeschäfts abgestellt wird, während nach polnischem Recht die Frage, ob das Rechtsgeschäft mit der wirtschaftlichen oder beruflichen Tätigkeit verbunden ist, für den Verbraucherstatus maßgeblich ist.

Auch in Bezug auf den Begriff des Unternehmers unterscheiden sich die beiden Umsetzungen dahingehend, dass nach deutschem Recht beim Unternehmerbegriff zusätzlich auf den Zweck des Rechtsgeschäfts abgestellt wird.

	Deutschland	Polen
Anwendungsbereich	**Verbraucher:**[417] ▪ Jede natürliche Person, die ein Rechtsgeschäft zu einem Zweck abschließt, der weder ihrer gewerblichen noch ihrer selbstständigen beruflichen Tätigkeit zugerechnet werden kann. (§ 13 BGB) ➔ ***Der Zweck des Rechtsgeschäfts ist für die Verbrauchereigenschaft maßgeblich.***	**Verbraucher:**[418] Eine natürliche Person, die ein Rechtsgeschäft tätigt, das nicht unmittelbar mit ihrer wirtschaftlichen oder beruflichen Tätigkeit verbunden ist. (Art.22^1 KC) ➔ ***Die Zurechnung des Rechtsgeschäfts zur wirtschaftlichen oder beruflichen Tätigkeit ist für die Verbrauchereigenschaft maßgeblich.***

[417] Siehe dazu: 2.Teil, II.2.1.1 (S.34 f.).
[418] Siehe dazu: 2.Teil, III.2.1.1 (S.60 f.).

	Deutschland	Polen
Persönlicher Anwendungsbereich	***➔ Der deutsche Verbraucherbegriff ist weiter gefasst, da jemand, der beruflich nicht selbstständig tätig ist, einem Verbraucher gleichgestellt ist.***	***➔ In der polnischen Literatur umstritten ist die Frage, ob juristische Personen oder in Art.33^1 § 1 KC genannte Organisationseinheiten Verbraucher nach Art.22^1 KC sein können.***
	Unternehmer:[419] ▪ Eine natürliche oder juristische Person oder eine rechtsfähige Personengesellschaft, die bei Abschluss eines Rechtsgeschäfts in Ausübung ihrer gewerblichen oder selbstständigen beruflichen Tätigkeit handelt, wobei der Zweck einer gewerblichen oder selbstständigen Tätigkeit beim Abschluss des Rechtsgeschäfts vorliegen muss. (§ 14 BGB) ***➔ Zusätzlich zur Ausübung in der gewerblichen oder selbstständigen beruflichen Tätigkeit ist der Zweck des Rechtsgeschäfts für die Unternehmereigenschaft maßgeblich.***	**Unternehmer:**[420] ▪ Eine natürliche oder juristische Person oder eine in Art.33^1 § 1 KC genannte Organisationseinheit, die im eigenen Namen eine wirtschaftliche oder berufliche Tätigkeit ausübt. (Art.431 KC) ***➔ Nur die Zurechnung des Rechtsgeschäfts zur wirtschaftlichen oder beruflichen Tätigkeit ist für die Unternehmereigenschaft maßgeblich.***

1.2 Sachlicher Anwendungsbereich

Im sachlichen Anwendungsbereich unterscheiden sich die Umsetzungen nur geringfügig. In beiden Rechtsordnungen stimmt der Gegenstand des Vertrages mit den Vorgaben der Fernabsatzrichtlinie überein, wobei im deutschen Recht der Begriff der Dienstleistung entsprechend dem europäischen Dienstleistungsbegriff weiter ausgelegt werden muss.

In beiden Rechtsordnungen wird außerdem die ausschließliche Verwendung von Fernkommunikationstechniken verlangt, wobei sich die Definitionen von Fernkommunikationstechniken gleichen.

Ein Unterschied besteht jedoch in der Beweislastverteilung bei der Frage des für den Fernabsatz organisierten Vertriebs- und Dienstleistungssystems. In beiden Rechtsordnungen ist diese Voraussetzung nicht genau definiert und muss im Einzelfall von Gerichten präzisiert werden. Im deutschen Recht muss der Unternehmer beweisen, dass kein solches System vorliegt, während im polnischen Recht der Verbraucher die Beweislast dafür trägt.

Die deutsche Umsetzung unterscheidet sich von der polnischen außerdem noch dahingehend, dass Versteigerungen nicht generell vom Anwendungsbereich, sondern lediglich vom Widerrufsrecht ausgeschlossen sind. Des Weiteren hat der deutsche Gesetzgeber bei der Umsetzung der Ausnahmetatbestände aus rechtsdogmati-

[419] Siehe dazu: 2.Teil, II.2.1.1 (S.34 f.).
[420] Siehe dazu: 2.Teil, III.2.1.1 (S.60 f.).

schen Gründen auf eine Binnendifferenzierung, wie sie in der Fernabsatzrichtlinie und in der polnischen Umsetzung vorliegt, verzichtet.

	Deutschland	Polen
Sachlicher Anwendungsbereich	**Gegenstand des Vertrages:**[421] ▪ Verträge über die Lieferung von Waren oder über die Erbringung von Dienstleistungen, wobei der deutsche Begriff der Dienstleistung weiter verstanden werden muss, so dass nicht nur Dienstverträge, sondern u.a. auch Werk- und Geschäftsbesorgungsverträge unter den Anwendungsbereich der Fernabsatzrichtlinie fallen. (§ 312b Abs.1 S.1 BGB) ➔ ***Der deutsche Dienstleistungsbegriff muss entsprechend dem europäischen Dienstleistungsbegriff weiter gefasst werden, so dass alle Geschäfte, die nicht die Lieferung einer Ware darstellen, unter diesen Begriff fallen.***	**Gegenstand des Vertrages:**[422] ▪ Das polnische Gesetz über Fernabsatzverträge gilt generell für alle Arten von Verträgen. (Art.6 §1 OchrKonU)
	Ausschließliche Verwendung von Fernkommunikationsmitteln:[423] ▪ Der Vertrag kommt unter der ausschließlichen Verwendung von einem oder mehreren Kommunikationsmitteln, die zur Anbahnung oder zum Abschluss eines Vertrages zwischen einem Verbraucher und einem Unternehmer ohne gleichzeitige körperliche Anwesenheit der Vertragsparteien eingesetzt werden können, zustande. ▪ Für die ausschließliche Verwendung von Fernkommunikationsmitteln trägt nach den allgemeinen Regelungen der Verbraucher die Beweislast.	**Ausschließliche Verwendung von Fernkommunikationsmitteln:**[424] ▪ Der Vertrag wird – sowohl bei der Vertragsanbahnung als auch beim Vertragsabschluss selbst – unter der ausschließlichen Verwendung eines oder mehrerer unterschiedlicher Kommunikationsmittel auf Entfernung, also ohne die gleichzeitige körperliche Anwesenheit der Vertragsparteien, abgeschlossen. ▪ Für die ausschließliche Verwendung von Fernkommunikationsmitteln trägt gem. Art.6 KC der Verbraucher die Beweislast.

[421] Siehe dazu: 2.Teil, II.2.1.2.1 (S.36).
[422] Siehe dazu: 2.Teil, III.2.1.2.1 (S.61 f.).
[423] Siehe dazu: 2.Teil, II.2.1.2.2 (S.36).
[424] Siehe dazu: 2.Teil, III.2.1.2.2 (S.62 f.).

	Deutschland	Polen
Sachlicher Anwendungsbereich	**Für den Fernabsatz organisiertes Vertriebs- und Dienstleistungssystem:**[425] ▪ In der deutschen Literatur wird die Meinung vertreten, dass der Unternehmer die personellen und sachlichen Voraussetzungen aufweisen muss, um regelmäßig im Fernabsatz zu tätigende Geschäfte bewältigen zu können. ▪ Es wird die Vermutung aufgestellt, dass ein für den Fernabsatz organisiertes Vertriebs- oder Dienstleistungssystem vorliegt. (§ 312 b Abs.1 S.1 BGB) ➔ ***Diese Voraussetzung ist durch den Gesetzgeber nicht ausreichend bestimmt worden. Die Rechtsprechungsentwicklung bleibt abzuwarten.*** ➔ ***Beweislastumkehr zugunsten des Verbrauchers.***	**Für den Fernabsatz organisiertes Vertriebs- und Dienstleistungssystem:**[426] ▪ Es ist aber davon auszugehen, dass ein Unternehmer zumindest einen Teil seiner Tätigkeit so organisiert haben muss, dass ein Vertragsabschluss im Fernabsatz organisatorisch möglich ist. ▪ Die Beweislast hierfür obliegt dem Verbraucher. (Art.6 KC) Ob ein Unternehmer sich den Anschein eines für den Fernabsatz organisierten Systems zurechnen lassen muss, ist jedoch unklar. ➔ ***Diese Voraussetzung ist durch den Gesetzgeber nicht ausreichend bestimmt worden. Die Rechtsprechungsentwicklung bleibt abzuwarten.***
	Ausschlusstatbestände:[427] Von der Anwendung der Regelungen des Fernabsatzes ausgeschlossen sind (§ 312b Abs.3 BGB): ▪ Fernunterrichtsverträge (Nr.1) und Verträge über Teilzeitwohnrechte (Nr.2), siehe in soweit aber das Fernunterrichtsschutzgesetz sowie §§ 481 – 487 BGB sowie § 2 BGB-InfoV, ▪ Versicherungen und deren Vermittlung (Nr.3), siehe in soweit aber §§48 a-e VVG, ▪ Immobiliengeschäfte (Nr.4), ▪ bestimmte Verträge über Lebensmittel, Getränke und dergleichen am Wohnsitz, Aufenthaltsort oder Arbeitsplatz des Verbrauchers (Nr.5),	**Ausschlusstatbestände:**[428] Die Regelungen des Fernabsatzes sind ausgeschlossen bei Verträgen, die (Art.16 §1 OchrKonU): ▪ unter Verwendung von Warenautomaten geschlossen werden, ▪ unter Verwendung von anderen Automaten, die in Geschäftsräumen untergebracht sind, geschlossen werden, ▪ Renten betreffen, ▪ mit Betreibern von Telekommunikationsmitteln aufgrund der Benutzung von öffentlichen Fernsprechern geschlossen werden, ▪ Immobilien mit Ausnahme der Vermietung betreffen, ▪ bei Verkauf aus einer Versteigerung geschlossen werden.

[425] Siehe dazu: 2.Teil, II.2.1.2.3 (S.37).
[426] Siehe dazu: 2.Teil, III.2.1.2.3 (S.62 f.).
[427] Siehe dazu: 2.Teil, II.2.1.3 (S.37 f.).
[428] Siehe dazu: 2.Teil, III.2.1.2.4 (S.63).

	Deutschland	Polen
Sachlicher Anwendungsbereich	▪ Verträge über Dienstleistungen in den Bereichen Unterbringung, Beförderung, Lieferung von Speisen und Getränken sowie Freizeitgestaltung, wenn sich der Unternehmer bei Vertragsabschluss verpflichtet, die Dienstleistungen zu einem bestimmten Zeitpunkt oder innerhalb eines genau angegebenen Zeitraums zu erbringen (Nr.6), ▪ Verträge, die unter Verwendung von Warenautomaten bzw. automatisierten Geschäftsräumen zustande kommen (Nr.7 lit.a), ▪ Verträge über die Benutzung öffentlicher Fernsprecher (Nr.7 lit.b). ➔ ***Versteigerungen wurden nicht in den Ausnahmenkatalog übernommen. Für sie gelten daher die verbraucherschutzrechtlichen Regelungen des Fernabsatzes, mit Ausnahme des Widerrufsrechts.*** ➔ ***Eine Binnendifferenzierung innerhalb der Ausnahmetatbestände ist aus rechtsdogmatischen Gründen nicht erfolgt.***	Von der Anwendung der Art.7, 9 und 12 Abs.1 OchrKonU ausgeschlossen sind: ▪ Verträge über den Verkauf von Lebensmitteln, die von Zeit zu Zeit durch den Verkäufer an den Wohnsitz oder an den Arbeitsplatz des Verbrauchers geliefert werden. ▪ Verträge über Dienstleistungen in einem zeitlich engen Rahmen in den Bereichen Unterbringung, Beförderung, Freizeitgestaltung, Gastronomie. Bei Freizeitveranstaltungen unter freiem Himmel kann sich der Unternehmer auch das Recht vorbehalten, sich von der in Art.12 Abs.2 geregelten Pflicht zu entbinden, den Verbraucher über die Nichtverfügbarkeit des Leistungsgegenstandes zu informieren, jedoch nur unter den im Vertrag vereinbarten Umständen.

2. Die Informationspflichten

2.1 Die vorvertraglichen Informationspflichten

Der Inhalt der vor Vertragsabschluss mitzuteilenden Informationen entspricht sich in beiden Umsetzungen. So muss ein Unternehmer sowohl nach deutschem als auch nach polnischem Recht abweichend von Art.4 Abs.1 lit.a FARL seine Anschrift unabhängig davon angeben, ob eine Vorauszahlung verlangt wird. Im deutschen Recht ist der Unternehmer aber zusätzlich dazu verpflichtet, den Verbraucher darüber zu informieren, wie der Vertrag zustande gekommen ist. Außerdem sind die Informationspflichten aufgrund der Umsetzung der Finanzdienstleistungsrichtlinie in den §§ 312b ff. BGB umfangreicher als im polnischen Recht, da so Regelungen dieser Richtlinie z.T. auch für Nicht-Finanzdienstleistungverträge gelten.

In beiden Rechtsordnungen sind die vorvertraglichen Informationen ohne bestimmte Formvorgaben entsprechend dem verwendeten Fernkommunikationsmittel mitzuteilen. Der polnische Gesetzgeber verlangt jedoch eine tatsächliche Übermittlung der Informationen, während nach deutschem Recht das „Zur-Verfügung-Stellen" ausreichend ist.

Die Vorgabe der Fernabsatzrichtlinie bzgl. des Zeitpunkts der Informationsgewährung hat der deutsche Gesetzgeber wörtlich umgesetzt. Der Begriff rechtzeitig ist dabei aber ebenso unbestimmt wie in der europäischen Vorgabe. In der polnischen Umsetzung der Fernabsatzrichtlinie hingegen wurde kein dem Begriff rechtzeitig entsprechender Ausdruck normiert, sondern die Informationen müssen spätestens im Moment der Annahme gewährt werden. Dies macht eine richtlinienkonforme Auslegung des Art.9 Abs.1 OchrKonU notwendig. Nach Meinungen in der Literatur beider Staaten hat ein Verbraucher die Informationen rechtzeitig erhalten, wenn sie ihm dergestalt zur Verfügung gestellt bzw. übermittelt werden, dass er sie zur Kenntnis nehmen und eine informierte Entscheidung treffen kann. Somit entsprechen sich – was den Zeitpunkts der Informationsgewährung anbelangt – beide Umsetzungen.

Auch bei der Umsetzung des Transparenzgebots ergeben sich keine Abweichungen. Sowohl in der deutschen als auch in der polnischen Umsetzung müssen die Informationen – damit sie klar und verständlich sind – so formuliert sein, dass ein angesprochener durchschnittlicher und verständiger Verbraucher sie ohne weiteres in ihrem Inhalt und ihrer Bedeutung verstehen kann bzw. wie ein Verbraucher sie unter den gleichen Umständen verstehen würde. Zusätzlich hat der polnische Gesetzgeber in Art.6 Abs.2 OchrKonU normiert, dass ein Angebot so formuliert sein muss, dass der Verbraucher den *animus contrahendi* erfassen kann. Diese Anforderung wird im deutschen Recht aber durch Auslegung des normierten Transparenzgebots bereits erfasst.

Die Frage der zu verwendenden Sprachen hat der polnische Gesetzgeber im Gesetz zur polnischen Sprache[429] geregelt. Im deutschen Recht hingegen gibt es keine konkrete gesetzliche Norm, sondern die Frage der anzuwendenden Sprache muss durch Auslegung des Transparenzgebotes ermittelt bzw. durch die Rechtsprechung konkretisiert werden. In beiden Ländern ist aber davon auszugehen, dass ein Unternehmer die Informationen in der entsprechenden Landessprache bereitzustellen hat, wenn er mit Verbrauchern eines Landes Geschäfte in einem nennenswerten Umfang abschließt bzw. wenn der Unternehmer den Verbraucher in dessen Heimatland anspricht und der Vertrag dort ausgeführt werden soll.

Die Rechtsfolgen bei der Verletzung der vorvertraglichen Informationspflichten entsprechen sich in beiden Umsetzungen, wobei es beispielsweise bei den Schadensersatzansprüchen rechtsdogmatische Abweichungen gibt.

	Deutschland	**Polen**
Informationen	**Inhalt der Informationspflichten** (§ 312c BGB i.V.m. Art.240 EGBGB, § 1 BGB-InfoV):[430] ▪ Die Identität des Unternehmers; anzugeben ist auch das öffentliche Unternehmensregister, bei dem der Rechtsträger eingetragen ist sowie die dazugehörige Registernummer oder gleichwertige Kennung.	**Inhalt der Informationspflichten** (Art.9 Abs.1 OchrKonU):[431] ▪ Vor- und Nachname (Bezeichnung), Anschrift des Unternehmers sowie der Institution bzw. des Amtes, das die wirtschaftliche Tätigkeit des Unternehmers registriert hat, sowie die dazugehörige Registriernummer.

429 Dz.U. 2004, Nr.92, Pos.878.
430 Siehe dazu: 2.Teil, II.2.2.1.1 (S.39 f.).
431 Siehe dazu: 2.Teil, III.2.2.1.1 (S.64).

	Deutschland	Polen
Inhalt der vorvertraglichen Informationspflichten	▪ Die Identität eines Vertreters des Unternehmers in dem Mitgliedstaat, in dem der Verbraucher seinen Wohnsitz hat, sofern es einen solchen Vertreter gibt. Die Identität einer anderen gewerblich tätigen Person als dem Anbieter, wenn der Verbraucher mit dieser geschäftlich zu tun hat sowie die Eigenschaft, in der diese Person gegenüber dem Verbraucher tätig wird.[432] ▪ Die ladungsfähige Anschrift des Unternehmers und jede andere Anschrift, die für die Geschäftsbeziehung zwischen diesem, seinem Vertreter oder einer anderen gewerblich tätigen Person gem. Nr.2 und dem Verbraucher maßgeblich ist, bei juristischen Personen, Personenvereinigungen oder -gruppen auch der Namen eines Vertretungsberechtigten. ▪ Die wesentliche Merkmale der Ware oder Dienstleistung sowie die Informationen darüber, wie der Vertrag zustande kommt. ▪ Bei dauernden oder regelmäßig wiederkehrenden Leistungen die Mindestlaufzeit des Vertrags. ▪ Einen Vorbehalt, eine in Qualität und Preis gleichwertige Leistung (Ware oder Dienstleistung) zu erbringen, und einen Vorbehalt, die versprochene Leistung im Fall ihrer Nichtverfügbarkeit nicht zu erbringen.[433] ▪ Der Gesamtpreis der Ware oder der Dienstleistung einschließlich aller damit verbundenen Preisbestandteile sowie alle über den Unternehmer abgeführten Steuern oder, wenn kein genauer Preis angegeben werden kann, die Grundlage für seine	▪ Die wesentlichen Eigenschaften der Leistung und ihr Ergebnis. ▪ Der Preis oder die Vergütung einschließlich aller Bestandteile, insb. Zoll und Steuern. ▪ Die Zahlungsbedingungen des Preises oder der Vergütung. ▪ Die Kosten, den Zeitpunkt sowie die Methode der Lieferung oder Erfüllung. ▪ Das Recht, den Vertrag innerhalb von 10 Tagen zu widerrufen, mit Hinweis auf die in Art.10 Abs.3 OchrKonU aufgeführten Ausnahmen. ▪ Die Kosten für den Einsatz von Fernkommunikationstechniken, soweit sie anders als in dem üblichen Tarif berechnet werden. ▪ Die Zeitdauer, in der das Angebot oder die Information über den Preis oder der Vergütung bindend ist. ▪ Die Mindestlaufzeit eines Vertrages über dauernde oder wiederkehrende Leistungen. ▪ Den Ort und das Verfahren, wie Beanstandungen vorgebracht werden können. ▪ Das Recht einen Vertrag gem. Art.8 Abs.3 OchrKonU zu kündigen. ➔ ***Ein Unternehmer muss seine Anschrift unabhängig davon angeben, ob eine Vorauszahlung verlangt wird.***

432 Diese Regelung beruht auf der Umsetzung der Finanzdienstleistungsrichtlinie. Da sie sich auch auf Nicht-Finanzdienstleistungsverträge erstreckt, stellt sie eine Erweiterung der Vorgaben der Fernabsatzrichtlinie dar.

433 Siehe dazu: 2.Teil, II.2.4.1.3 (S.52 f.) sowie 4.Teil, I.4 (S.108 ff.).

	Deutschland	Polen
Inhalt der vorvertraglichen Informationspflichten	Berechnung, die dem Verbraucher eine Überprüfung des Preises ermöglicht. ▪ Gegebenenfalls zusätzlich anfallende Liefer- und Versandkosten sowie einen Hinweis auf mögliche weitere Steuern oder Kosten, die nicht über den Unternehmer abgeführt oder von ihm in Rechnung gestellt werden. ▪ Einzelheiten hinsichtlich der Zahlung und der Lieferung oder Erfüllung. ▪ Das Bestehen oder Nichtbestehen eines Widerrufs- oder Rückgaberechts sowie die Bedingungen, Einzelheiten der Ausübung,[434] insb. Name und Anschrift desjenigen, gegenüber dem der Widerruf zu erklären ist; die Rechtsfolgen des Widerrufs bzw. der Rückgabe, einschl. Informationen über den zu bezahlenden Betrag für erbrachte Dienstleistungen. (§ 357 Abs.1 BGB) ▪ Alle spezifischen, zusätzlichen Kosten, die der Verbraucher für die Benutzung des Fernkommunikationsmittels zu tragen hat, wenn solche zusätzlichen Kosten durch den Unternehmer in Rechnung gestellt werden. ▪ Eine Befristung der Gültigkeitsdauer der zur Verfügung gestellten Informationen, beispielsweise die Gültigkeitsdauer befristeter Angebote, insb. hinsichtlich des Preises. ***➔ Der Unternehmer muss dem Verbraucher seine Adresse auch dann mitteilen, wenn keine Vorauszahlung erforderlich ist.*** ***➔ Der Unternehmer ist zusätzlich verpflichtet, den Verbraucher darüber zu informieren, wie der Vertrag zustande gekommen ist.***	

[434] Die Verpflichtung, die Einzelheiten der Ausübung mitzuteilen, beruht ebenfalls auf der Umsetzung der Finanzdienstleistungsrichtlinie. Da sie sich auch auf Nicht-Finanzdienstleistungsverträge erstreckt, stellt sie eine Erweiterung der Vorgaben der Fernabsatzrichtlinie dar.

	Deutschland	Polen
	➔ ***Zusätzliche Informationspflichten, die auf der Umsetzung der Finanzdienstleistungsrichtlinie beruhen.***	
Art der Informationsgewährung	**Zeitpunkt der Informationsgewährung:**[435] ▪ Rechtzeitig vor Abschluss des Vertrages. (§ 312b Abs.1 BGB) ▪ Diese Voraussetzung ist – ebenso wie in der Fernabsatzrichtlinie – nicht ausreichend bestimmt worden. Nach Meinungen in der deutschen Literatur soll der Verbraucher die übermittelten Informationen zur Kenntnis nehmen und eine informierte Entscheidung treffen können.	**Zeitpunkt der Informationsgewährung:**[436] ▪ Spätestens im Moment der Annahme. ▪ Bei der polnischen Umsetzung wurde kein entsprechender Begriff für rechtzeitig verwendet. Nach Meinungen in der polnischen Literatur müssen die Informationen dem Verbraucher aber dergestalt zur Verfügung gestellt werden, dass er die übermittelten Informationen zur Kenntnis nehmen und eine informierte Entscheidung treffen kann. ➔ ***Eine richtlinienkonforme Auslegung ist notwendig, da in der Umsetzung kein entsprechender Begriff für rechtzeitig verwendet wurde.***
	Bereitstellung der Informationen:[437] ▪ Die Informationen müssen zur Verfügung gestellt werden, d.h. es kommt auf eine tatsächliche Kenntnisnahme durch den Verbraucher nicht an. ▪ ***Die Informationen müssen lediglich „zur Verfügung gestellt" werden.***	**Bereitstellung der Informationen:**[438] ▪ Die Informationen müssen tatsächlich übermittelt werden. Das Risiko einer mangelhaften Übertragung der Informationen trägt dabei der Unternehmer. Ob jedoch eine tatsächliche Kenntnisnahme der Informationen durch den Verbraucher erforderlich ist, ist unklar. ➔ ***Die Informationen müssen tatsächlich übermittelt werden. Ein „Zur-Verfügung-Stellen" – wie z.B. durch einen Hyperlink – reicht nicht aus.***

435 Siehe dazu: 2.Teil, II.2.2.1.2 (S.40).
436 Siehe dazu: 2.Teil, III.2.2.1.2 (S.64).
437 Siehe dazu: 2.Teil, II.2.2.1.2 (S.40).
438 Siehe dazu: 2.Teil, III.2.2.1.2 (S.61).

	Deutschland	Polen
Art der Informationsgewährung	**Form der Informationsgewährung:**[439] ▪ In einer dem Fernkommunikationsmittel entsprechenden Weise.	**Form der Informationsgewährung:**[440] ▪ Formfrei in einer dem benutzten Fernkommunikationsmittel entsprechenden Weise.
	Transparenzgebot:[441] ▪ Die Informationen müssen klar und verständlich sein. (§ 312c Abs.1 S.1 BGB) ▪ In der deutschen Literatur wird die Meinung vertreten, dass ein angesprochener, durchschnittlicher Verbraucher, der keine besonderen Rechtskenntnisse hat, diese Informationen ohne weiteres in ihrem Inhalt und ihrer Bedeutung verstehen können soll.	**Transparenzgebot:**[442] ▪ Die Informationen sollen eindeutig und auf eine verständliche Weise formuliert sowie leicht zu lesen sein. (Art.9 Abs.2 OchrKonU) ▪ Ein Angebot muss so formuliert sein, dass der Verbraucher den *animus contrahendi* erfassen kann. (Art.6 Abs.2 OchrKonU) ▪ Nach Meinungen in der polnischen Literatur sollen die benutzten Formulierungen, Redewendungen und Wörter so verwendet werden, wie ein durchschnittlicher, verständiger Verbraucher sie unter den gleichen Umständen verstehen würde.
	Sprache:[443] ▪ In der deutschen Literatur wird die Meinung vertreten, dass es vom angesprochenen Kundenkreis abhängig ist, welche Sprache bzw. Sprachen verwendet werden müssen. Wenn ein Unternehmer mit Verbrauchern eines bestimmten Landes Geschäfte in einem nennenswerten Umfang abschließt, so hat er für die Verbraucher dieses Landes die Informationen in deren Landessprache bereitzustellen.	**Sprache:**[444] ▪ Dem Gesetz über die polnische Sprache[445] zufolge besteht u.a. eine Verpflichtung zur Benutzung der polnische Sprache im Verkehr mit Verbrauchern, vorausgesetzt der Verbraucher hat zum Zeitpunkt des Vertragsschlusses seinen Wohnsitz in Polen und der Vertrag soll auf dem Territorium der Republik Polen ausgeführt werden.

439 Siehe dazu: 2.Teil, II.2.2.1.3 (S.40 ff.).
440 Siehe dazu: 2.Teil, III.2.2.1.3 (S.62 f.).
441 Siehe dazu: 2.Teil, II.2.2.1.3 (S.40 ff.).
442 Siehe dazu: 2.Teil, III.2.2.1.3 (S.62 f.).
443 Siehe dazu: 2.Teil, II.2.2.1.3 (S.40 ff.).
444 Siehe dazu: 2.Teil, III.2.2.1.3 (S.62 f.).
445 Dz.U. 2004, Nr.92, Pos.878.

	Deutschland	Polen
Ausnahmetatbestände	**Ausnahmetatbestände:** ▪ Es wurden keine expliziten Ausnahmetatbestände für die Informationspflichten geregelt, da aus rechtsdogmatischen Gründen auf eine Binnendifferenzierung der Ausnahmetatbestände verzichtet werden konnte.	**Ausnahmetatbestände:**[446] ▪ Verträge über den Verkauf von Lebensmitteln, die von Zeit zu Zeit durch den Verkäufer an den Wohnsitz oder an den Arbeitsplatz des Verbrauchers geliefert werden, ▪ Verträge über Dienstleistungen in einem zeitlich engen Rahmen in den Bereichen Unterbringung, Beförderung, Freizeitgestaltung, Gastronomie. (Art.16 Abs.2 OchrKonU)
Rechtsfolgen	**Rechtsfolgen:**[447] ▪ Bei einem Verstoß gegen die vorvertraglichen Informationspflichten ist der Vertrag dann nicht zustande gekommen, wenn die essentialia negotii fehlen. ▪ Evtl. bestehen Schadensersatzansprüche gegen den Unternehmer.	**Rechtsfolgen:**[448] ▪ bei einer Verletzung von vorvertraglichen Informationspflichten kann – entsprechend den Regelungen des kodeks cywilny – u.U. ein Vertrag gar nicht zustande kommen. ▪ Evtl. bestehen Schadensersatzansprüche gegen den Unternehmer.

2.2 Die vertraglichen Informationspflichten

Der polnische Gesetzgeber hat bei der Umsetzung des Inhalts der vertraglichen Informationen – wie in der europäischen Vorgabe – auf die vorvertraglich mitzuteilenden Informationen verwiesen. Es besteht somit – entgegen den Vorgaben der Fernabsatzrichtlinie – keine Pflicht des Unternehmers, Informationen bzgl. des Kundendienstes und der Garantiebestimmungen zu gewähren. In der deutschen Umsetzung hingegen muss ein Unternehmer einem Verbraucher zusätzlich zu den vorvertraglichen noch folgende Informationen gewähren: die AGB, Informationen über vertragliche Kündigungen einschließlich etwaiger Vertragsstrafen bei Verträgen, die ein Dauerschuldverhältnis betreffen und für eine längere Zeit als ein Jahr oder für eine unbestimmte Zeit geschlossen werden und Informationen über Kundendienst und geltende Gewährleistungs- und Garantiebedingungen.

Die Umsetzungen unterscheiden sich bezüglich des Zeitpunkts der Gewährung der vertraglichen Informationen dahingehend, dass der deutsche Gesetzgeber auf die vollständige Erfüllung des Vertrages bzw. die Lieferung der Waren abstellt, während in der polnischen Umsetzung der Beginn der Erfüllung maßgeblich ist.

Eine weitere wichtige Abweichung ergibt sich bei der Umsetzung der Formvorgaben. Während nach deutschem Recht die Textform (126b BGB) ausreichend ist, verlangt der polnische Gesetzgeber die Schriftform (Art.78 KC), was eine Erschwernis für Unternehmer im Fernabsatz in Polen darstellt.

---

446 Siehe dazu: 2.Teil, III.2.2.1.4 (S.66).
447 Siehe dazu: 2.Teil, II.2.2.4 (S.44).
448 Siehe dazu: 2.Teil, III.2.2.3 (S.66 f.).

Da das Transparenzgebot der vertraglichen Informationspflichten in beiden Umsetzungen jeweils dem der vorvertraglichen Informationspflichten entspricht, müssen sie klar und verständlich sein.

Bei den Rechtsfolgen der Verletzung der vertraglichen Informationspflichten unterscheiden sich die beiden Umsetzungen – abgesehen von Schadensersatzansprüchen, die in beiden Rechtsordnungen entstehen können – folgendermaßen: Im polnischen Recht können sich durch Missachtung der Schriftform nach Art.78 KC Beweisschwierigkeiten ergeben. Außerdem verlängert sich die Widerrufsfrist auf drei Monate, wohingegen in der deutschen Umsetzung diese Frist gar nicht erst zu laufen beginnt.

	Deutschland	**Polen**
Inhalt der Informationspflichten	**Inhalt der Informationspflichten:**[449] (§ 312c Abs.1 BGB i.V.m. Art.240 EGBGB, § 1 Abs.4 BGB-InfoV) ▪ Die AGB. ▪ Die in § 1 Abs.1 BGB-InfoV aufgeführten (sprich die vorvertraglichen) Informationen. ▪ Informationen über vertragliche Kündigungen einschließlich etwaiger Vertragsstrafen bei Verträgen, die ein Dauerschuldverhältnis betreffen und für eine längere Zeit als ein Jahr oder für eine unbestimmte Zeit geschlossen werden. ▪ Informationen über Kundendienst und geltende Gewährleistungs- und Garantiebedingungen. ➔ ***Zusätzlich zu den vorvertraglich zu gewährenden Informationen müssen weitere Informationen wie z.B. die AGB mitgeteilt werden.***	**Inhalt der Informationspflichten:**[450] (Art.9 Abs.3 i.V.m. Abs.1 OchrKonU) ▪ Die vertraglich zu bestätigenden Informationen entsprechen genau den vorvertraglichen Informationspflichten. ➔ ***Der Inhalt der zu gewährenden Informationen entspricht dem der vorvertraglichen Informationspflichten.*** ➔ ***Es besteht keine Pflicht des Unternehmers, dem Verbraucher Informationen bzgl. des Kundendienstes und der Garantiebestimmungen zu übermitteln.***
	Zeitpunkt:[451] ▪ Alsbald, jedoch spätestens bis zur vollständigen Erfüllung des Vertrages bzw. bis zur Lieferung der Waren. (§ 312c Abs.2 Nr.2 BGB) ➔ ***Die vollständige Erfüllung ist der maßgebliche Zeitpunkt.***	**Zeitpunkt:**[452] ▪ Spätestens bei Beginn der Erfüllung der Leistung. (Art.9 Abs.3 OchrKonU) ➔ ***Der Beginn der Erfüllung ist der maßgebliche Zeitpunkt.***

449 Siehe dazu: 2.Teil, II.2.2.2.1 (S.42).
450 Siehe dazu: 2.Teil, III.2.2.2.1 (S.66).
451 Siehe dazu: 2.Teil, II.2.2.2.2 (S.42 f.).
452 Siehe dazu: 2.Teil, III.2.2.2.2 (S.66).

	Deutschland	Polen
Art der Informationsgewährung	**Form der Informationsgewährung:**[453] ▪ In Textform nach § 126b BGB. (§ 312c Abs.2 S.1 BGB) ➔ ***Die Informationen sind in Schriftzeichen und auf eine zur dauerhaften Wiedergabe geeigneten Weise abzugeben.***	**Form der Informationsgewährung:**[454] ▪ In Schriftform nach Art.78 KC. (Art.9 Abs.3 OchrKonU) ➔ ***Aufgrund der geforderten Schriftform gem. Art.78 KC ist eine eigenhändige Unterschrift bzw. eine elektronische Signatur[455] erforderlich.***
	Transparenzgebot:[456] ▪ Ein Transparenzgebot ist in § 312c BGB nicht ausdrücklich normiert. Nach Meinungen in der deutschen Literatur gilt aber das Transparenzgebot des § 312b Abs.1 BGB auch in Bezug auf die vertraglichen Informationspflichten. Folglich müssen die Informationen klar und verständlich sein. ▪ Die Informationen sind in einer hervorgehobenen und deutlich gestalteten Form mitzuteilen, insb. im Zusammenhang mit den AGB. ➔ ***Zusätzliche Anforderung bei der Gestaltung der Informationen im Zusammenhang mit den AGB.***	**Transparenzgebot:**[457] ▪ Bei den vertraglichen Informationspflichten gelten – ebenso wie für die vorvertraglichen – die Vorgaben der Art.9 Abs.2 und Art.6 Abs.2 OchrKonU.
Rechtsfolgen	**Rechtsfolgen:**[458] ▪ Die Widerrufsfrist beginnt erst zu laufen, wenn die vertraglichen Informationspflichten erfüllt wurden. (§ 312d Abs.2 BGB) ▪ Sie erlischt grundsätzlich nach sechs Monaten, ▪ Bei einer fehlerhaften Widerrufsbelehrung erlischt das Widerrufsrecht nicht. (§ 355 Abs.3 BGB)	**Rechtsfolgen:**[459] ▪ Wurden die gewährten Informationen nicht in Schriftform bestätigt, so verlängert sich die Widerrufsfrist auf drei Monate. (Art.10 Abs.2 OchrKonU) ▪ Die Nichteinhaltung der Schriftform hat sog. Beweisschwierigkeiten (*Sanktion ad probationem*) zur Folge.[460]

453 Siehe dazu: 2.Teil, II.2.2.2.1 (S.42).
454 Siehe dazu: 2.Teil, III.2.2.2.3 (S.66 f.).
455 Diese elektronische Signatur ist mit Hilfe eines gültigen, qualifizierten Zertifikats zu verifizieren (Art.78 § 2 KC). Siehe dazu auch: 2.Teil, III.2.2.2.3, Fn.303, (S.66).
456 Siehe dazu: 2.Teil, II.2.2.2.1 (S.42).
457 Siehe dazu: 2.Teil, III.2.2.2.3 (S.66 ff.).
458 Siehe dazu: 2.Teil, II.2.2.4 (S.44).
459 Siehe dazu: 2.Teil, III.2.2.3 (S.67).
460 Siehe dazu: 2.Teil, III.2.2.2.3, Fn.303, (S.66).

	Deutschland	Polen
Rechtsfolgen	▪ Evtl. bestehen Schadensersatzansprüche gegen den Unternehmer. → ***Wurden die vertraglichen Informationspflichten nicht erfüllt, so beginnt die Widerrufsfrist nicht zu laufen.***	▪ Evtl. können dem Verbraucher Schadensersatzansprüche zustehen. → ***Bei einer fehlenden Bestätigung in Schriftform verlängert sich die Widerrufsfrist auf drei Monate.***
Ausnahmetatbestände	**Ausnahmetatbestände:**[461] ▪ Eine Mitteilung ist bei Dienstleistungen, die unmittelbar durch Einsatz von Fernkommunikationsmitteln erbracht werden, entbehrlich, sofern diese Leistungen in einem Mal erfolgen und über den Betreiber der Fernkommunikationsmittel abgerechnet werden. ▪ Der Verbraucher muss sich in diesem Falle aber über die Anschrift der Niederlassung des Unternehmers informieren können, bei der er Beanstandungen vorbringen kann. (§ 312c Abs.2 S.2 BGB)	**Ausnahmetatbestände:**[462] ▪ Keine Anwendung bei einer einmaligen Leistung, die unmittelbar durch den Einsatz von Fernkommunikationstechniken erbracht wird und für die eine Rechnung von einer natürlichen oder juristischen Person ausgestellt wird, die im Rahmen ihrer unternehmerischen Tätigkeit mindestens ein Fernkommunikationsmittel unterhält, das sowohl dem Verbraucher als auch dem Unternehmer (Betreiber einer Kommunikationstechnik) zugänglich ist. ▪ Die in Art.9 Abs.1 Nr.1 OchrKonU aufgeführten Informationen bzgl. der Identität müssen in jedem Fall übermittelt werden. (Art.9 Abs.4 OchrKonU)

3. Das Widerrufsrecht

Der europäischen Gesetzgeber hat den Mitgliedsstaaten bei der Gestaltung des Widerrufsrechts einen großen Umsetzungsspielraum gegeben. Dies hat zu einigen nicht nur rechtssetzungstechnischen Unterschieden in den jeweiligen Umsetzungen geführt.

3.1 Die Voraussetzungen des Widerrufsrechts

Die Voraussetzungen für die Einräumung eines Widerrufsrechts gleichen sich in beiden Umsetzungen. So muss jeweils ein Fernabsatzvertrag vorliegen und der Widerruf muss innerhalb der Widerrufsfrist gegenüber dem Unternehmer erklärt worden sein. Außerdem darf das Widerrufsrecht nicht erloschen oder ausgeschlossen sein. Die Ausnahmetatbestände der beiden Umsetzungen gleichen sich. Der deutsche Gesetzgeber hat aber zusätzlich Versteigerungen in den Ausnahmekatalog übernommen, da er diese im Gegensatz zu der polnischen Umsetzung nicht generell vom Anwendungsbereich des Fernabsatzes ausgeschlossen hat.

---

461 Siehe dazu: 2.Teil, II.2.2.3 (S.44).
462 Siehe dazu: 2.Teil, III.2.2.2.4 (S.67).

	Deutschland	Polen
Voraussetzungen	**Voraussetzung für die Einräumung des Widerrufsrechts** (§355 Abs.1 S.1 BGB i.V.m. § 312d Abs.1 BGB):[463] ▪ Es muss ein Fernabsatzvertrag vorliegen. ▪ Der Widerruf muss innerhalb der Widerrufsfrist gegenüber dem Unternehmer erklärt worden sein. ▪ Das Widerrufsrecht darf nicht erloschen oder ausgeschlossen sein.	**Voraussetzung für die Einräumung des Widerrufsrechts** (Art.7 OchrKonU):[464] ▪ Es muss ein Fernabsatzvertrag vorliegen. ▪ Der Widerruf muss innerhalb der Widerrufsfrist gegenüber dem Unternehmer erklärt worden sein. ▪ Das Widerrufsrecht darf nicht erloschen oder ausgeschlossen sein.
Ausnahmetatbestände	**Ausnahmetatbestände:**[465] ▪ Bei Verträgen zur Lieferung von Waren, die nach Kundenspezifikation angefertigt werden oder eindeutig auf die persönlichen Bedürfnisse zugeschnitten sind oder die auf Grund ihrer Beschaffenheit nicht für eine Rücksendung geeignet sind oder schnell verderben können oder deren Verfalldatum überschritten werden würde. ▪ Bei Verträgen zur Lieferung von Audio- oder Videoaufzeichnungen oder von Software, sofern die gelieferten Datenträger vom Verbraucher entsiegelt worden sind. ▪ Bei Verträgen zur Lieferung von Zeitungen, Zeitschriften und Illustrierten. ▪ Bei Verträgen zur Erbringung von Wett- und Lotterie-Dienstleistungen. ▪ Bei Verträgen, die in Form von Versteigerungen (§ 156 BGB) geschlossen werden.	**Ausnahmetatbestände:**[466] ▪ Die Ausführung der Dienstleistung hat, mit Zustimmung des Verbrauchers, vor Ablauf der in Art.7 Abs.1 OchrKonU geregelten Widerrufsfrist begonnen. ▪ Bei Audio-, Videoaufzeichnungen und Software, die vom Verbraucher entsiegelt worden sind. ▪ Bei Verträgen über Leistungen, deren Preis oder Vergütung ausschließlich von der Preisentwicklung auf den Finanzmärkten abhängt. ▪ Bei Leistungen mit Eigenschaften, die durch den Verbraucher in dessen Bestellung bestimmt wurden oder die mit der Person des Verbrauchers eng zusammenhängen. ▪ Bei Leistungen, die aufgrund ihrer Beschaffenheit nicht für eine Rücksendung geeignet sind oder schnell verderben können. ▪ Bei der Lieferung von Presseerzeugnissen. ▪ Bei Verträgen zur Erbringung von Wett- und Lotterie-Dienstleistungen.

463 Siehe dazu: 2.Teil, II.2.3.1 (S.44 ff.).
464 Siehe dazu: 2.Teil, III.2.3.1 (S.68 ff.).
465 Siehe dazu: 2.Teil, II.2.3.1.7 (S.47); die spekulative Geschäfte betreffende Ausnahmeklausel in § 312b Abs.4 Nr.6 BGB ist in dieser Tabelle nicht aufgeführt, weil es sich – auch soweit es um Warenkäufe und -verkäufe geht – letztlich um eine Finanzdienstleistung handelt, die im Rahmen dieser Untersuchung ausgeblendet bleiben.
466 Siehe dazu: 2.Teil, III.2.3.1.6 (S.69).

3.2 Die Ausübung des Widerrufsrechts

Die Ausübung des Widerrufsrechts ist in beiden Rechtsordnungen unterschiedlich umgesetzt worden. So ist die Widerrufserklärung im deutschen Recht in Textform oder durch Rückgabe der Sache zu erklären, während in der polnischen Umsetzung die schriftliche Form verlangt wird, die auch durch eine qualifizierte Signatur erfüllt werden kann.

Auch die Widerrufsfrist wurde in beiden Rechtsordnungen verlängert, in der deutschen auf zwei Wochen und in der polnischen auf 10 Kalendertage. Bei der polnischen Frist aber kann es aber u.U. zu einer Verletzung der von der Fernabsatzrichtlinie vorgegebenen Widerrufsfrist von sieben Werktagen kommen.

Weiterhin genügt sowohl in der deutschen als auch in der polnischen Umsetzung das rechtzeitige Absenden der Widerrufserklärung zur Wahrung der Widerrufsfrist.

Die Widerrufsfrist beginnt in beiden Rechtsordnungen bei Waren mit dem Tag der Lieferung und bei Dienstleistungen mit dem Tag des Vertragsabschlusses. Nach deutschem Recht kann die Widerrufsfrist aber nicht zu laufen beginnen, wenn eine deutlich gestaltete Belehrung über das Widerrufsrecht fehlt.

Auch bei der Dauer der Widerrufsfrist gibt es in beiden Rechtsordnungen Abweichungen. Wurden die vertraglichen Informationspflichten nicht erfüllt, so erlischt das Widerrufsrecht im polnischen Recht nach drei Monaten. In der deutschen Umsetzung hingegen erlischt dieses Recht nach sechs Monaten, vorausgesetzt der Verbraucher wurde zumindest über sein Widerrufsrecht belehrt. Bei einer nachträglichen Erfüllung der vertraglichen Informationspflichten beträgt die Widerrufsfrist im polnischen Recht weiterhin 10 Kalendertage, während sie im deutschen Recht auf einen Monat ausgeweitet wird.

	Deutschland	**Polen**
Ausübung des Widerrufsrechts	**Form des Widerrufs:**[467] ▪ In Textform nach § 126b BGB oder durch Rücksendung der Waren. (§ 355 Abs.1 S.2 BGB) ➔ ***Die Widerrufserklärung ist in Schriftzeichen und auf eine zur dauerhaften Wiedergabe geeigneten Weise abzugeben.***	**Form des Widerrufs:**[468] ▪ In Schriftform nach Art.78 KC. (Art.7 Abs.1 OchrKonU) ➔ ***Die Widerrufserklärung bedarf aufgrund der Schriftform einer eigenhändige Unterschrift bzw. einer qualifizierten Signatur.***
	Dauer der Widerrufsfrist:[469] ▪ Die Widerrufsfrist beträgt prinzipiell zwei Wochen. (§ 355 Abs.1 S.1 BGB) ▪ Wird die Belehrung erst nach Vertragsabschluss erteilt, dann beträgt die Widerrufsfrist einen Monat. (§ 355 Abs.2 S.2 BGB)	**Dauer der Widerrufsfrist:**[470] ▪ Die Frist beträgt grundsätzlich 10 Kalendertage. (Art.7 Abs.1 OchrKonU)

467 Siehe dazu: 2.Teil, II.2.3.1.2 (S.44 f.).
468 Siehe dazu: 2.Teil, III.2.3.1.2 (S.68).
469 Siehe dazu: 2.Teil, II.2.3.1.3 (S.45).
470 Siehe dazu: 2.Teil, III.2.3.1.3 (S.68).

	Deutschland	Polen
Ausübung des Widerrufsrechts	***→ Bei einer verspäteten Belehrung verlängert sich die Widerrufsfrist auf einen Monat.***	
	Ausübung des Widerrufs:[471] ▪ Das rechtzeitige Absenden der Widerrufserklärung innerhalb der Frist ist ausreichend. ▪ Es ist keine Begründung des Widerrufs nötig.	**Ausübung des Widerrufs:**[472] ▪ Das rechtzeitige Absenden der Widerrufserklärung ist ausreichend. ▪ Eine Begründung des Widerrufs ist nicht notwendig.
	Beginn der Widerrufsfrist:[473] ▪ Bei Waren mit der Lieferung; bei Dienstleistungen mit Abschluss des Vertrages. (§ 312d Abs.2 S.1 BGB) ▪ Die Widerrufsfrist beginnt nicht zu laufen, bevor die Informationen nach § 312c BGB übermittelt wurden. ▪ Bei einer fehlenden Belehrung über das Widerrufsrecht beginnt die Widerrufsfrist nicht zu laufen. ***→ Der Beginn der Widerrufsfrist ist zusätzlich von der Übermittlung der Informationen nach §§ 312c und 312e BGB abhängig.***	**Beginn der Widerrufsfrist:**[474] ▪ Bei Waren mit dem Tag der Übergabe der Sache; bei Dienstleistungen mit dem Tag des Vertragsabschlusses. (Art.10 Abs.1 OchrKonU)
	Ende der Widerrufsfrist:[475] ▪ Das Widerrufsrecht erlischt spätestens nach sechs Monaten. (§ 355 Abs.3 S.1 BGB) ▪ Bei fehlender Belehrung über das Widerrufsrecht erlischt es nicht und die Widerrufsfrist beginnt nicht zu laufen. (§ 355 Abs.3 S.3 BGB) ***→ Das Widerrufsrecht erlischt spätestens nach sechs Monaten, sofern der Verbraucher zumindest über sein Widerrufsrecht belehrt worden ist.***	**Ende der Widerrufsfrist:**[476] ▪ Wenn die Informationen nicht bestätigt worden sind, so beträgt die Frist drei Monate. ▪ Wenn innerhalb dieser drei Monate eine Bestätigung erfolgt, beträgt die Frist 10 Tage. Ob diese Frist dabei abschließend (genau drei Monate) oder nicht (drei Monate + 10 Tage) ist, ist in der Literatur umstritten und muss durch die Rechtsprechung konkretisiert werden.

471 Siehe dazu: 2.Teil, II.2.3.1.4 (S.45).
472 Siehe dazu: 2.Teil, III.2.3.1.4 (S.68).
473 Siehe dazu: 2.Teil, II.2.3.1.5 (S.45 f.).
474 Siehe dazu: 2.Teil, III.2.3.1.5 (S.68).
475 Siehe dazu: 2.Teil, II.2.3.1.6 (S.46 f.).
476 Siehe dazu: 2.Teil, III.2.3.1.5 (S.68).

	Deutschland	Polen
Ausübung		***→ Ob das Widerrufsrecht spätestens nach drei Monaten bzw. nach drei Monaten und 10 Tage erlischt ist in der Literatur umstritten. Die Rechtsprechungsentwicklung bleibt abzuwarten.***

3.3 Rechtsfolgen des Widerrufs

Wie bei der Ausübung des Widerrufsrechts gibt es auch bei den Rechtsfolgen einige Unterschiede in den beiden Umsetzungen.

So wird nach deutschem Recht der widerrufene Vertrag zu einem Rückgewährschuldverhältnis, in dem das bisher Geleistete ggf. Zug-um-Zug zurückgewährt werden muss. Empfangene Zahlungen muss ein Unternehmer innerhalb von 30 Tagen zurückgewähren, da er andernfalls in Verzug gerät. Weiterhin ist der Verbraucher zur Rücksendung verpflichtet, wenn die Sache als Paket versendet werden kann. Im polnischen Recht sind die geleisteten Leistungen innerhalb von 14 Tagen zurückzugewähren, wobei Vorauszahlungen ab der Leistung vom Unternehmer zu verzinsen sind und der Unternehmer die Rückgewähr der Leistung in schriftlicher Form bestätigen muss.

Ob dem Verbraucher im polnischen Recht die Kosten der Rücksendung auferlegt werden können ist zwar strittig, es ist aber davon auszugehen, dass dies möglich ist. Im deutschen Recht wiederum trägt der Unternehmer generell die Kosten der Rücksendung, er kann diese jedoch in den in § 357 Abs.2 S.2 geregelten Fällen dem Verbraucher vertraglich auferlegen.

Ein für die Praxis relevanter Unterschied ist die unterschiedliche Haftung des Verbrauchers, die im deutschen Recht wesentlich umfangreicher ist als im polnischen. So haftet ein Verbraucher nach dem polnischen Fernabsatzgesetz lediglich für den durch ihn entstandenen Schaden, sofern er ihn verschuldet hat. Den Verbraucher treffen dabei die üblichen Sorgfaltspflichten, sofern er über sein Widerrufsrecht informiert wurde. Nach deutschem Recht hingegen hat ein Verbraucher bei eingetretener Verschlechterung oder bei Untergang der Sache verschuldensunabhängig Wertersatz leisten. Bei einer nicht ordnungsgemäßen Belehrung oder wenn der Verbraucher nicht in anderer Weise davon Kenntnis erlangt hat, haftet er aber nur für Vorsatz und Fahrlässigkeit. Ein Verbraucher haftet somit nach deutschem Recht verschuldensunabhängig, nach polnischem hingegen nur bei Verschulden.

Zusätzlich zu der Haftung des Verbrauchers für Verlust oder Beschädigung der Sache hat ein Verbraucher nach deutschem Recht dem Unternehmer u.U. eine Nutzungsentschädigung für die Gebrauchsüberlassung zu vergüten, sowie Wertersatz wegen bestimmungsgemäßer Ingebrauchnahme zu leisten. Nach der polnischen Umsetzung hingegen ist der Verbraucher von jeglicher Verpflichtung befreit.

	Deutschland	Polen
Rechtsfolgen des Widerrufs	**Wirkung des Widerrufsrechts:**[477] Der Vertrag wird *ex nunc* in ein Rückgewährungsschuldverhältnis umgewandelt, gegenseitige Erfüllungsansprüche erlöschen. (§§ 357 Abs.1 S.1, 346 BGB)	**Wirkung des Widerrufsrechts:**[478] ▪ Der Vertrag ist *ex tunc* nichtig. (Art.7 Abs.3 OchrKonU)
	Erhaltene Leistungen:[479] ▪ Rückgewähr der empfangenen Zahlung. (§ 357 Abs.1 S.1 BGB i.V.m. § 346 Abs.1 BGB) ▪ Die 30-Tage-Frist des § 286 Abs.3 BGB beginnt mit der Widerrufs- oder Rückgabeerklärung des Verbrauchers. (§ 357 Abs.2 S.2 BGB) Somit gerät der Unternehmer automatisch nach 30 Tagen in Verzug. Der Verbraucher ist zur Rücksendung verpflichtet, wenn die Sache als Paket versandt werden kann. (§ 357 Abs.2 S.1 BGB)	**Erhaltene Leistungen:**[480] ▪ Sowohl erhaltene Waren als auch evtl. geleistete Zahlungen sind innerhalb von 14 Tagen zurückzugewähren. (Art.7 Abs.3 OchrKonU) ▪ Der Unternehmer hat dem Verbraucher die Rückgewährung der Leistung in Schriftform nach Art.78 KC zu bestätigen. (Art.13 Abs.1 OchrKonU) ▪ Evtl. geleistete Vorauszahlungen des Verbrauchers sind ab der Leistung zu verzinsen. (Art.7 Abs.3 OchrKonU)
	Rückgabekosten:[481] ▪ Die Kosten der Rücksendung trägt generell der Unternehmer. (§357 Abs.2 S.2 BGB) ▪ Ausnahmsweise können dem Verbraucher durch vertraglich Vereinbarungen die Rücksendekosten in den in §357 Abs.2 S.3 BGB geregelten Fällen auferlegt werden. ***Die Rückgabekosten trägt der Unternehmer. Ausnahmen sind in den in § 357 Abs.2 S.2 BGB geregelten Fällen möglich.***	**Rückgabekosten:**[482] ▪ Da eine explizite gesetzliche Regelung fehlt, ist es unklar und in der polnischen Literatur umstritten, ob die Rückgabekosten dem Verbraucher auferlegt werden können. ➔ ***Diese Rechtsfolge ist durch den Gesetzgeber nicht ausreichend bestimmt worden. Nach einer teilweise in der polnischen Literatur vertretenen Meinung ist es aber möglich, dem Verbraucher die Rückgabekosten aufzuerlegen. Die Rechtsprechungsentwicklung bleibt aber abzuwarten.***

[477] Siehe dazu: 2.Teil, II.2.3.2.1 (S.47 f.).
[478] Siehe dazu: 2.Teil, III.2.3.2.1 (S.69 f.).
[479] Siehe dazu: 2.Teil, II.2.3.2.2 (S.48).
[480] Siehe dazu: 2.Teil, III.2.3.2.1 (S.69 f.).
[481] Siehe dazu: 2.Teil, II.2.3.2.1 (S.47 f.).
[482] Siehe dazu: 2.Teil, III.2.3.2.1 (S.69 f.).

	Deutschland	Polen
Rechtsfolgen des Widerrufs	**Risiko:**[483] ▪ Die Gefahr der Rücksendung trägt der Unternehmer. (§ 357 Abs.2 S.2 BGB)	**Risiko:**[484] ▪ Nach Meinungen in der polnischen Literatur trägt der Unternehmer das Risiko der Rücksendung.
	Haftung des Verbrauchers für Verlust oder Beschädigung:[485] ▪ Ein Verbraucher hat bei eingetretener Verschlechterung oder Untergang der Sache verschuldensunabhängig Wertersatz zu leisten. (§ 357 Abs.1 S.1 i.V.m. § 346 Abs.2 Nr.3 BGB) ▪ Bei einer nicht ordnungsgemäßen Belehrung oder wenn der Verbraucher nicht in anderer Weise davon Kenntnis erlangt hat, haftet er nur für Vorsatz und Fahrlässigkeit. ➔ ***Der Verbraucher haftet verschuldensunabhängig.***	**Haftung des Verbrauchers für Verlust oder Beschädigung:**[486] ▪ Der Verbraucher haftet für den durch ihn entstandenen Schaden, sofern er ihn verschuldet hat. (Art.7 Abs.3 OchrKonU) ▪ Den Verbraucher treffen die üblichen Sorgfaltspflichten, sofern er über sein Widerrufsrecht informiert wurde. ➔ ***Der Verbraucher haftet verschuldensabhängig.***
	Nutzungsentschädigung (Gebrauchsüberlassung):[487] ▪ Der Verbraucher muss einen Nutzungsersatz bis zur Ausübung des Widerrufsrechts vergüten. (§ 357 Abs.1 S.1 i.V.m. § 346 Abs.1 BGB) ▪ In der deutschen Literatur wird teilweise bezweifelt, ob damit nicht eine von der Fernabsatzrichtlinie verbotene Strafzahlung vorliegt. Es ist aber davon auszugehen, dass eine richtlinienkonforme Umsetzung vorliegt. ➔ ***Eine Nutzungsentschädigung stellt keine Strafzahlung dar.***	**Nutzungsentschädigung (Gebrauchsüberlassung):**[488] ▪ Der Verbraucher ist von jeglichen Verpflichtungen befreit. (Art.7 Abs.3 S.1 OchrKonU)

483 Siehe dazu: 2.Teil, II.2.3.2.1 (S.47 f.).
484 Siehe dazu: 2.Teil, III.2.3.2.1 (S.69 f.).
485 Siehe dazu: 2.Teil, II.2.3.2.2 (S.48 f.).
486 Siehe dazu: 2.Teil, III.2.3.2.2 (S.70).
487 Siehe dazu: 2.Teil, II.2.3.2.2 (S.48 f.).
488 Siehe dazu: 2.Teil, III.2.3.2.2 (S.70).

	Deutschland	Polen
Rechtsfolgen des Widerrufs	**Wertersatz wegen bestimmungsgemäßer Ingebrauchnahme:**[489] ▪ Der Verbraucher hat abweichend von § 346 Abs.2 S.1 Nr.3 BGB Ersatz für die Wertminderung zu leisten, die durch eine bestimmungsgemäße Ingebrauchnahme eingetreten ist, wenn er spätestens bei Vertragsschluss in Textform auf diese und eine Möglichkeit sie zu vermeiden hingewiesen wurde. (§ 357 Abs.3 BGB) ▪ Dies gilt nicht, wenn die Verschlechterung ausschließlich auf die Prüfung der Sache zurückzuführen ist. (§ 357 Abs.3 S.2 BGB) ▪ In der deutschen Literatur wird teilweise bezweifelt, ob damit nicht eine durch die Fernabsatzrichtlinie untersagte Strafzahlung vorliegt. Es ist aber davon auszugehen, dass der Wertersatz keine Strafzahlung darstellt. ▪ In der deutschen Literatur wird z.T. die Meinung vertreten, dass die Berechnung des Wertersatzes nicht richtlinienkonform ist, da sie einen Widerruf wirtschaftlich wertlos macht. ***→ Der Wertersatz an für sich stellt keine Strafzahlung dar. Ob die Berechnung des Wertersatzes richtlinienkonform ist, ist zweifelhaft.***	**Wertersatz wegen bestimmungsgemäßer Ingebrauchnahme:**[490] ▪ Der Verbraucher ist von jeglichen Verpflichtungen befreit. (Art.7 Abs.3 S.1 OchrKonU)
	Weitere Ansprüche:[491] ▪ Weitergehende Ansprüche wie Schadensersatz- oder Herausgabeansprüche sind ausgeschlossen. (§ 357 Abs.4 BGB) ▪ Nur Ansprüche aus sittenwidriger, vorsätzlicher Schädigung sind aufgrund einer teleologischen Reduktion möglich.	**Weitere Ansprüche:**[492] ▪ Der Verbraucher ist von jeglichen Verpflichtungen befreit. (Art.7 Abs.3 S.1 OchrKonU) ▪ Die Ausübung des Widerrufsrechts darf nicht von der Zahlung eines Entgeltes abhängig gemacht werden. (Art.7 Abs.2 OchrKonU)

489 Siehe dazu: 2.Teil, II.2.3.2.2 (S.48 f.).
490 Siehe dazu: 2.Teil, III.2.3.2.2 (S.70).
491 Siehe dazu: 2.Teil, II.2.3.2.2 (S.48 f.).
492 Siehe dazu: 2.Teil, III.2.3.2.2 (S.70).

4. Weitere verbraucherschützende Maßnahmen

In den Umsetzungen der weiteren verbraucherschützenden Maßnahmen zeigen sich in den beiden Umsetzungen einige Unterschiede. Vor allem bei der Vertragsdurchführung gibt es auffallende Differenzen zwischen den beiden Rechtsordnungen. So hat der polnische Gesetzgeber bzgl. der Erfüllungspflicht eine Frist von 30 Tagen festgelegt, während nach deutschem Recht eine Leistung im Zweifel sofort fällig ist. Des Weiteren werden Verbraucher im deutschen Recht auch vor der Vereinbarung einer unangemessen langen oder nicht hinreichend bestimmten Frist für die Erbringung einer Leistung geschützt. Im Zusammenhang mit der Vertragsdurchführung wurde in der polnischen Umsetzung außerdem ein Verbot einer Vorleistungspflicht des Verbrauchers als eine Art „Motivation" für eine schnelle Leistungserbringung seitens des Unternehmers normiert. Im deutschen Recht hingegen ist es möglich, eine Vorleistungspflicht des Verbrauchers zu vereinbaren. Andernfalls kann sich jede Partei auf § 320 BGB (Einrede des nicht erfüllten Vertrags) berufen.

Bei der Nichtverfügbarkeit der Leistung ergibt sich in der polnischen Umsetzung ein Rücktrittsrecht des Unternehmers bei Beschaffungsschwierigkeiten. Nach deutschem Recht bleibt die vertragliche Bindung des Unternehmers dagegen grundsätzlich bestehen. Der Verbraucher kann allerdings nach Maßgabe des § 323 BGB zurücktreten. Nur in den engen Fällen der Unmöglichkeit der Leistung (§ 275 BGB) werden die Parteien von den primären Leistungspflichten frei (§§ 275, 326 BGB); der Verbraucher erhält zugleich unter bestimmten Umständen einen Schadensersatzanspruch (§ 311a BGB bei anfänglicher oder § 280 Abs.1 und 3 / § 283 BGB bei nachträglicher Unmöglichkeit).

In Bezug auf den Änderungsvorbehalt ergeben sich dahingehend Unterschiede, dass im polnischen Recht der Verbraucher in schriftlicher Form informiert werden muss, während im deutschen Recht die Textform ausreichend ist. Außerdem ist im deutschen Recht die Möglichkeit, einen Selbstbelieferungsvorbehalt zu vereinbaren, begrenzt.

Die Regelungen bzgl. des Missbrauchs von Zahlungskarten wurden in beiden Rechtsordnungen entsprechend den Vorgaben des Art.8 FARL umgesetzt. Eine Abweichung besteht lediglich insofern, als der Anwendungsbereich dieser Vorschrift im deutschen Recht nicht auf Fernabsatzverträge beschränkt wurde.

Bei unbestellt zugesandten Waren und erbrachten Dienstleistungen ergeben sich ebenfalls keine Unterschiede, da in beiden Rechtsordnungen dadurch weder vertragliche noch gesetzliche Ansprüche entstehen.

In der Beschränkung der Verwendung bestimmter Fernkommunikationstechniken unterscheiden sich die beiden Umsetzungen dahingehend, dass in der polnischen Umsetzung für alle Fernkommunikationsmittel die opt-in-Lösung gewählt wurde, während in der deutschen Umsetzung diese Lösung auf jeden Fall für Telefonanrufe, Werbung unter Verwendung von automatischen Anrufmaschinen und von Faxgeräten, sowie bei elektronischer Werbepost vorliegt. Bei anderen Werbebotschaften besteht aber zumindest eine opt-out-Lösung.

	Deutschland	Polen
Vertragsdurchführung	**Erfüllungspflicht:**[493] ▪ Eine Leistung ist im Zweifel sofort fällig. (§ 271 Abs.1 BGB) ▪ Die Leistungszeit kann von den Parteien grundsätzlich frei vereinbart werden. ▪ Der Verbraucher wird aber durch § 308 Nr.1 BGB vor der Vereinbarung einer unangemessen langen oder nicht hinreichend bestimmten Frist für die Erbringung einer Leistung geschützt. ➔ ***Eine Leistung ist im Zweifel sofort fällig. Außerdem darf die Frist nicht unangemessen lang oder nur unzureichend bestimmt sein.***	**Erfüllungspflicht:**[494] ▪ Der im Fernabsatz geschlossene Vertrag ist bis spätestens 30 Tage nach der Abgabe der Willenserklärung des Verbrauchers zum Abschluss des Vertrages zu erfüllen. ▪ Die Vereinbarung einer kürzeren Lieferungszeit ist möglich. ▪ Ein Unternehmer kann vom Verbraucher keine Vorauszahlungen verlangen. (Art.11 Abs.1 OchrKonU) Ziel dieser Regelung ist es, den Unternehmer zu einer schnellen Leistungserbringung zu bewegen ➔ ***Ein Verbraucher kann nicht zu einer Vorleistung verpflichtet werden.***
	Nichterfüllung:[495] ▪ Bei jeglicher vertragswidrigen Nichterfüllung gewähren die §§ 326ff bzw. §§ 280 ff. BGB Rücktrittsmöglichkeiten und Schadensersatzansprüche, die gem. § 271 BGB sofort fällig sind. ▪ Eine Pflicht des Unternehmers, den Verbraucher über die Nichtverfügbarkeit der Leistung zu informieren, ist nicht normiert. Ob dies eine richtlinienkonforme Umsetzung ist, wird in Teilen der Literatur angezweifelt. ➔ ***Die mit einem Rücktritt vom Vertrag verbundenen Ansprüche sind sofort fällig.*** ➔ ***Es ist keine Informationspflicht in Bezug auf die Nichtverfügbarkeit einer Leistung normiert.***	**Nichterfüllung:**[496] ▪ Falls der Unternehmer den Vertrag nicht erfüllen kann, da die bestellte Ware oder Dienstleistung nicht verfügbar ist, so hat er dem Verbraucher unverzüglich, spätestens aber innerhalb von 30 Tagen eventuell geleistete Zahlungen zurückzuerstatten. (Art.12 Abs.2 OchrKonU) ▪ Der Verbraucher ist unverzüglich, spätestens aber innerhalb von 30 Tagen formfrei über die Nichtverfügbarkeit der Leistung zu informieren. (Art.12 Abs.2 OchrKonU)

493 Siehe dazu: 2.Teil, II.2.4.1.1 (S.52).
494 Siehe dazu: 2.Teil, III.2.4.1.1 (S.71).
495 Siehe dazu: 2.Teil, II.2.4.1.2 (S.52).
496 Siehe dazu: 2.Teil, III.2.4.1.2 (S.71 f.).

	Deutschland	Polen
Vertragsdurchführung	**Selbstbelieferungsvorbehalt:**[497] ▪ Durch § 308 Nr.4 BGB ist eine solche Vereinbarung dahingehend begrenzt, dass sie nur zulässig ist, wenn sie unter Berücksichtigung der Interessen des Verwenders dem Verbraucher zumutbar ist. ▪ Für den Fall, dass sich die Informationspflichten des Unternehmers nicht aus dem Transparenzgebot gem. § 305 BGB ergeben, wurden sie in § 312c BGB i.V.m. § 240 EGBGB, § 1 Abs.1 Nr.6 BGB-InfoV normiert. ▪ Die Information muss in Textform übermittelt werden. ➔ ***Die Vereinbarung eines Selbstbelieferungsvorbehalts ist in einem bestimmten Rahmen möglich.*** ➔ ***Der Verbraucher muss die o.a. Information in Textform nach § 126b BGB erhalten.***	**Selbstbelieferungsvorbehalt:**[498] ▪ Ein Unternehmer kann vertraglich vereinbaren, dass er sich im Falle einer vorübergehenden Unmöglichkeit von seiner Leistungspflicht durch eine Ersatzlieferung befreien kann. (Art.12 Abs.3 OchrKonU) ▪ Die Ersatzlieferung muss in Qualität und Zweck der ursprünglich bestellten Leistung entsprechen und in der gleichen Preisklasse liegen. ▪ Der Verbraucher ist in Schriftform darüber zu informieren, dass er diese Leistung nicht annehmen muss und dass er den Vertrag widerrufen kann. ➔ ***Die Vereinbarung eines Selbstbelieferungsvorbehalts ist möglich.*** ➔ ***Der Verbraucher muss die o.a. Information in Schriftform nach Art.78 KC, d.h. mit einer eigenhändigen Unterschrift bzw. einer qualifizierten Signatur, erhalten.***
	Rechtsfolgen:[499] ▪ Es bestehen Rücktrittsmöglichkeiten und Schadensersatzansprüche gem. den §§ 280 ff. BGB, die gem. § 271 BGB sofort fällig sind.	**Rechtsfolgen:**[500] ▪ Dem Verbraucher stehen u.U. Schadensersatzansprüche nach Art.471 KC zu.
Kartenmissbrauch	**Kreditkartenmissbrauch:**[501] ▪ Eine Bank bzw. ein Kartenaussteller kann von einem Kreditkarteninhaber nur dann Aufwendungsersatz, d.h. Zahlung der verauslagten Beträge verlangen, wenn dieser nicht durch die missbräuchliche Verwendung der Karte durch Dritte entstanden ist. (§ 676h BGB) ▪ Die Bank bzw. das Kreditunternehmen trägt dabei das Fälschungs- und Missbrauchsrisiko.	**Kreditkartenmissbrauch:**[502] ▪ Ein Verbraucher kann die Stornierung einer Zahlung verlangen, wenn seine Zahlungskarte im Rahmen eines Fernabsatzvertrages missbräuchlich verwendet wurde. (Art.8 OchrKonU) ▪ Die Stornierung dieser Zahlung erfolgt dabei auf Kosten und Risiko des Unternehmers. Diese können auch nicht durch vertragliche Vereinbarungen auf den Verbraucher übertragen werden.

[497] Siehe dazu: 2.Teil, II.2.4.1.3 (S.52 f.).
[498] Siehe dazu: 2.Teil, III.2.4.1.3 (S.72).
[499] Siehe dazu: 2.Teil, II.2.4.1.2 (S.52).
[500] Siehe dazu: 2.Teil, III.2.4.1.2 (S.71 f.).
[501] Siehe dazu: 2.Teil, II.2.4.2 (S.53).
[502] Siehe dazu: 2.Teil, III.2.4.2 (S.72 f.).

	Deutschland	Polen
Kartenmissbrauch	▪ Unter einer missbräuchlichen Verwendung einer Karte versteht man jede nicht durch die ordnungsgemäße, vorherige Weisung des Kunden gedeckte Nutzung der Zahlungskarte. ➔ ***Die Regelungen des § 676h BGB erfasst generell Missbräuche von Kreditkarten und nicht nur die im Fernabsatz.***	▪ Unter einer missbräuchlichen Verwendung ist jede Verwendung der Zahlungskarte, die ohne Zustimmung des Verbrauchers erfolgt, zu verstehen, wobei unerheblich ist, wer diese Verwendung tätigt. ▪ Die Pflicht des Verbrauchers, den durch ihn verursachten Schaden zu ersetzen, bleibt davon unberührt. (Art.14 S.2 OchrKonU)
Zusendung unbestellter Waren	**Unbestellt zugesandte Waren oder Dienstleistungen:**[503] ▪ Die Zusendung unbestellter Waren oder Dienstleistungen ist gem. § 7 UWG eine unzumutbare Belästigung und somit eine unlautere Wettbewerbshandlung, die gem. § 3 UWG unzulässig ist. ▪ Die Zusendung unbestellter Waren bzw. Erbringung unbestellter Dienstleistungen löst weder vertragliche noch gesetzliche Ansprüche des Unternehmers gegen den Verbraucher aus. (§ 241a BGB) ▪ Gesetzliche Ansprüche liegen nur vor, wenn es sich um eine für den Verbraucher erkennbare irrtümliche Leistung oder um eine Ersatzlieferung handelt. (§ 241a Abs.2 und 3 BGB)	**Unbestellt zugesandte Waren oder Dienstleistungen:**[504] ▪ Dem Verbraucher entstehen durch die Zusendung von unbestellten Waren oder Dienstleistungen keinerlei Verpflichtungen. (Art.15 OchrKonU) ▪ Jegliches Risiko wie Untergang, Beschädigung oder Verlust der Waren, sowie die Kosten trägt allein der Unternehmer. ➔ ***Es wurden keine Maßnahmen getroffen, um diese Geschäftspraxis prinzipiell zu unterbinden.***
Verwendung	**Beschränkung in der Verwendung bestimmter Fernkommunikationstechniken:**[505] ▪ In Bezug auf Werbung mit Telefonanrufen, Werbung unter Verwendung von automatischen Anrufmaschinen und von Faxgeräten, sowie bei elektronischer Werbepost gilt das opt-in-Verfahren.	**Beschränkung in der Verwendung bestimmter Fernkommunikationstechniken:**[506] ▪ Die in Art.6 Abs.3 OchrKonU aufgeführte Aufzählung der Fernkommunikationstechniken ist nicht abschließend. Somit gilt die opt-in-Lösung für die Verwendung aller Arten von Fernkommunikationstechniken.

503 Siehe dazu: 2.Teil, II.2.4.3 (S.53 f.).
504 Siehe dazu: 2.Teil, III.2.4.3 (S.73).
505 Siehe dazu: 2.Teil, II.2.4.4 (S.54).
506 Siehe dazu: 2.Teil, III.2.4.4 (S.73 f.).

	Deutschland	Polen
Verwendung	▪ Bei sonstigen Werbebotschaften liegt zumindest eine opt-out-Lösung vor. ➔ ***Opt-in-Lösung für die Verwendung von Telefonen, automatischen Anrufmaschinen, Faxgeräten und elektronischer Werbepost.***	➔ ***Opt-in-Lösung für die Verwendung aller Arten von Fernkommunikationstechniken.***
Rechtsbehelfe	**Rechtsbehelfe:**[507] ▪ Die entsprechenden Regelungen wurden im Zuge der Umsetzung der damit zusammenhängenden Richtlinie 98/27/EG vom 19.05.1998[508] über Unterlassungsklagen zum Schutz der Verbraucherinteressen in den §§ 1, 2 und 4 Abs.1 Nr.1 UklaG normiert.	**Rechtsbehelfe:**[509] ▪ Die entsprechenden Regelungen bzgl. des Verfahrens von Verbraucherangelegenheiten wurden im Zuge der Umsetzung der Richtlinie 98/27/EG vom 19.05.1998[510] über Unterlassungsklagen zum Schutz der Verbraucherinteressen in der polnischen Zivilprozessordnung, Art.61 ff. und 63 ff. KPC normiert.

5. Unabdingbarkeit und das sog. Richtlinien-IPR

Aufgrund der ungenauen Vorgaben beim Richtlinien-IPR hat die EU den Mitgliedsstaaten einen großen Umsetzungsspielraum zugestanden. Daher weichen die Umsetzungen in Deutschland und in Polen voneinander ab, wobei kritische Stimmen in der Literatur anmerken, dass sie in beiden Staaten nicht gelungen ist. So fehlt im deutschen Recht ein Günstigkeitsvergleich, während in der polnischen Umsetzung das Recht anderer Mitgliedsstaaten verdrängt wird. Inwieweit diese Defizite in den Umsetzungen durch eine richtlinienkonforme Auslegung der Gerichte überbrückt werden kann, ist fraglich.

	Deutschland	Polen
Unabdingbarkeit	**Unabdingbarkeit:**[511] Von den Vorschriften bzgl. des Fernabsatzes darf nicht zum Nachteil des Verbrauchers oder Kunden abgewichen werden. Auch dürfen sie nicht durch anderweitige Gestaltungen umgangen werden. (§ 312f BGB)	**Unabdingbarkeit:**[512] Die im Fernabsatzgesetz aufgeführten Verbraucherrechte dürfen nicht durch Vertragsgestaltung eingeschränkt oder ausgeschlossen werden. (Art.17 OchrKonU)

507 Siehe dazu: 2.Teil, II.2.4.5 (S.55).
508 ABl. EG Nr. L 166 v. 11.06.1998, S.51 ff.
509 Siehe dazu: 2.Teil, III.2.4.5 (S.74).
510 ABl. EG Nr. L 166 vom 11.06.1998, S.51 ff.
511 Siehe dazu: 2.Teil, II.2.5 (S.55 f.).
512 Siehe dazu: 2.Teil, III.2.5 (S.74 f.).

	Deutschland	Polen
Das sog. Richtlinien-IPR	**Das Richtlinien-IPR:**[513] ▪ Die deutsche Regelung bzgl. des Richtlinien-IPR, die bei Verträgen aller Art greift, ist anwendbar, sofern durch Rechtswahl das Recht eines Nicht-EU bzw. Nicht-EWR Staates gewählt wurde. Außerdem muss ein enger Zusammenhang mit einem oder mit mehreren EU- bzw. EWR-Staaten bestehen. ▪ Sind diese Voraussetzungen erfüllt, so ist die Umsetzung der in Art.29a Abs.4 EGBGB aufgeführten Richtlinien des Staates anzuwenden, zu dem ein enger Zusammenhang besteht, unabhängig davon, ob die entsprechende Richtlinie umgesetzt wurde oder andere für den Verbraucher günstigere Normen in dem betreffenden Staat bereits bestehen. ▪ Das deutsche Richtlinien-IPR greift nur, wenn andere Regelungen des Kollisionsrechts nicht greifen bzw. zu der Anwendung des Rechts eines Nicht-EU bzw. Nicht-EWR Staates führen. ***➔ Die Regelungen des deutschen Richtlinien-IPR greifen nur, wenn das Recht eines Nicht-EU bzw. Nicht-EWR Staates gewählt wurde.*** ***➔ Es wird das Recht des Staates angewendet, zu dem ein enger Zusammenhang besteht.***	**Das Richtlinien-IPR:**[514] ▪ Die im Fernabsatzgesetz aufgeführten Verbraucherrechte dürfen nicht durch Wahl eines fremden Rechts als Vertragsrecht eingeschränkt oder ausgeschlossen werden. (Art.17 OchrKonU) ▪ Entsprechen die Bestimmungen des gewählten Rechts bzgl. der Verbraucherrechte im Fernabsatz nicht dem Niveau der polnischen Regelungen bzw. gehen nicht über deren Schutzniveau hinaus, dann kommt es zu einer kumulativen Anwendung des gewählten und des polnischen Rechts. ▪ Wurde keine Rechtswahl getroffen, so bestimmt sich das anwendbare Recht nach den Regelungen des polnischen IPR. ***➔ Die Regelungen des polnischen Richtlinien-IPR greifen nur, wenn eine Rechtswahl getroffen wurde.*** ***➔ Das polnische Richtlinien-IPR verdrängt sowohl das Recht von Drittstaaten als auch das der anderen Mitgliedsstaaten.*** ***➔ Ein Günstigkeitsprinzip wurde normiert.***

II. Abschnitt 3 der E-Commerce-Richtlinie über den Abschluss von Verträgen auf elektronischem Weg

Zwischen der deutschen und der polnischen Umsetzung des Abschnitts 3 über den Abschluss von Verträgen auf elektronischem Weg ergeben sich – bis auf eine Ausnahme – keine bedeutenden Unterschiede.

Der Anwendungsbereich stimmt in beiden Rechtsordnungen überein. So muss in beiden Umsetzungen beispielsweise der jeweilige Begriff des Unternehmers weiter ausgelegt werden, so dass er sich mit dem in der E-Commerce-Richtlinie verwendeten Begriff des Diensteanbieters deckt.

513 Siehe dazu: 2.Teil, II.2.5 (S.55 f.).
514 Siehe dazu: 2.Teil, III.2.5 (S.74 f.).

Auch der Inhalt der mitzuteilenden Informationen stimmt in beiden Umsetzungen überein. Nach polnischem Recht muss ein Unternehmer aber zusätzlich auf die Rechtsfolgen der Bestätigung des Empfangs des Angebots durch die andere Partei, sprich auf ihre bindende Wirkung, hinweisen. In Bezug auf die Art der Informationsgewährung ist in beiden Rechtsordnungen ein Transparenzgebot normiert worden, dass dem in der Umsetzung der Fernabsatzrichtlinie entspricht.

In beiden Rechtsordnungen besteht eine Pflicht, die Bestellung zu bestätigen. Um eine Einhaltung dieser Regelung zu gewährleisten, hat der polnische Gesetzgeber zusätzlich festgelegt, dass ein abgegebenes Angebot für den Anbieter keine bindende Wirkung hat, sofern keine unverzügliche Bestätigung erfolgt. Aufgrund dieser Regelung wurde auch die o.a. zusätzliche Informationspflicht im polnischen Recht normiert.

Des Weiteren sind Unternehmer in beiden Umsetzungen dazu verpflichtet, Methoden und technischen Mittel zur Aufdeckung und Korrektur von Fehlern bereit zu stellen.

In Bezug auf den Abruf und die Wiedergabemöglichkeit der Vertragsbestimmungen ergeben sich in den Umsetzungen weitere Unterschiede. So müssen im deutschen Recht die Vertragsbestimmungen und die AGB so zur Verfügung gestellt werden, dass ein Nutzer sie speichern und reproduzieren kann. In der polnischen Umsetzung hingegen bestehen diesbezüglich Unklarheiten, da es mit Art.8 Nr.2 UsługElektronU und mit Art.384 § 4 KC zwei Normen gibt, die hier anwendbar wären. Aufgrund der in der polnischen Literatur vertretenen Meinung ist aber davon auszugehen, dass Art.8 Nr.2 UsługElektronU Vorrang hat. Somit ist – im Gegensatz zur deutschen Umsetzung – ein Abrufen und Festhalten der AGB erst auf Verlangen des Nutzers zu ermöglichen.

Ein bedeutender Unterschied zwischen den Umsetzungen ergibt sich bei den Rechtsfolgen, da im deutschen Recht eine Nichteinhaltung dieser Pflichten – neben evtl. bestehenden Schadensersatzansprüchen – auf jeden Fall zu einer Verlängerung der Widerrufsfrist führt, während im polnischen Recht „nur“ mit Schadensersatzansprüchen zu rechnen ist. Aufgrund dieses Fehlens von „direkten“ Sanktionen wird in der polnischen Literatur teilweise bezweifelt, ob eine richtlinienkonforme Umsetzung vorliegt, da die Mitgliedsstaaten gem. Art.11 Abs.1 ECRL eine Einhaltung der Erfüllung dieser Pflichten sicherstellen sollten.

	Deutschland	**Polen**
Anwendungsb.	**Gegenstand des Vertrages:**[515] ▪ Ein Vertrag über die Lieferung von Waren oder über die Erbringung von Dienstleistungen. ➔ ***Der Dienstleistungsbegriff muss hier ebenso wie in der Umsetzung der Fernabsatzrichtlinie weiter ausgelegt werden.***	**Gegenstand des Vertrages:**[516] ▪ Die Regelungen werden generell bei allen Angeboten und somit bei allen Arten von Verträgen angewendet. (Art.66[1] KC)

515 Siehe dazu: 3.Teil, III.1 (S.81 f.).
516 Siehe dazu: 3.Teil, IV.1 (S.83).

	Deutschland	Polen
Anwendungsbereich	**Zustandekommen des Vertrages:**[517] ▪ Der Vertrag muss mit Hilfe eines Tele- oder Mediendienstes, sprich mit Einsatz von elektronischen Kommunikationsmitteln zustande kommen. (§ 312e Abs.1 S.1 BGB)	**Zustandekommen des Vertrages:**[518] ▪ Die Angebote müssen in elektronischer Form abgegeben werden. (Art.66^1 KC)
	Persönlicher Anwendungsbereich:[519] ▪ Anwendbar auf Verträge zwischen einem Unternehmer und einem Kunden. ➔ ***Der Begriff des Unternehmers muss weiter ausgelegt werden, da der in der E-Commerce-Richtlinie verwendete Begriff des Diensteanbieters nur auf die Entgeltlichkeit abstellt.***	**Persönlicher Anwendungsbereich:**[520] ▪ Die Pflichten des Art.66^1 § 2 KC treffen nur Anbieter, die Unternehmer sind. ➔ ***Der polnische Begriff des Unternehmers muss ebenfalls richtlinienkonform ausgelegt werden.***
	Unabdingbarkeit:[521] ▪ Diese Verpflichtungen können nur abbedungen werden, wenn die Vertragsparteien keine Verbraucher sind. (§ 312e Abs.2 BGB)	**Unabdingbarkeit:**[522] ▪ Diese Verpflichtungen können bei Verbraucherverträgen nicht abbedungen werden. (Art.66^1 § 4 S.2 KC)
	Ausschlusstatbestände:[523] ▪ Keine Anwendung auf Verträge, die ausschließlich durch individuelle Kommunikation geschlossen wurden. (§ 312e Abs.2 BGB)	**Ausschlusstatbestände:**[524] ▪ Keine Anwendung auf Verträge, die mittels elektronischer Post oder eines ähnlichen Fernmeldemittels abgeschlossen wurden. (Art.66^1 § 4 S.1 KC)
Pflichten	**Inhalt der Informationspflichten** (§ 312e Abs.1 S.1 Nr.1 BGB i.V.m. § 3 BGB-InfoV):[525] ▪ Die einzelnen technischen Schritte, die zu einem Vertragsschluss führen.	**Inhalt der Informationspflichten** (Art.66^1 § 2 KC):[526] ▪ Die technischen Einzelheiten des Verfahrens.

517 Siehe dazu: 3.Teil, III.1 (S.81 f.).
518 Siehe dazu: 3.Teil, IV.1 (S. 83).
519 Siehe dazu: 3.Teil, III.1 (S. 81 f.).
520 Siehe dazu: 3.Teil, IV.1 (S. 83).
521 Siehe dazu: 3.Teil, III.1 (S. 81 f.).
522 Siehe dazu: 3.Teil, IV.1 (S. 83).
523 Siehe dazu: 3.Teil, III.1 (S. 81 f.).
524 Siehe dazu: 3.Teil, IV.1 (S. 83).
525 Siehe dazu: 3.Teil, III.2 (S.82).
526 Siehe dazu: 3.Teil, IV.2 (S.83 ff.).

	Deutschland	Polen
Informationspflichten	▪ Informationen darüber, ob der Vertragstext nach dem Vertragsschluss von dem Unternehmer gespeichert wird und ob er dem Kunden zugänglich ist. ▪ Informationen darüber, wie der Kunde mit den gem. § 312e Abs.1 S.1 Nr.1 BGB zur Verfügung gestellten technischen Mitteln Eingabefehler vor Abgabe der Bestellung erkennen und berichtigen kann. ▪ Die für den Vertragsschluss zur Verfügung stehenden Sprachen. ▪ Sämtliche einschlägigen Verhaltenskodizes, denen sich der Unternehmer unterwirft, sowie die Möglichkeit eines elektronischen Zugangs zu diesen Regelwerken.	▪ Die Grundsätze und die Art und Weise der Aufzeichnung, Sicherung und Zugänglichmachung des Inhalts des abgeschlossenen Vertrages der anderen Partei durch den Unternehmer. ▪ Die Methoden und die technischen Mittel zur Aufdeckung und Korrektur von Fehlern in den eingeführten Daten, die er der anderen Partei zugänglich zu machen hat. ▪ Die Sprachen, in denen der Vertrag abgeschlossen werden kann. ▪ Die vom Unternehmer angewendeten ethischen Grundregeln und ihre Zugänglichkeit in elektronischer Form. ▪ Die Rechtsfolgen der Bestätigung des Empfangs des Angebots durch die andere Partei. **➔ *Der Unternehmer muss zusätzlich auf die Rechtsfolgen der Bestätigung des Empfangs des Angebots durch die andere Partei, sprich auf ihre bindende Wirkung hinweisen. (Art.66[1] § 2 Nr.2 KC)***
	Art und Weise der Informationsgewährung:[527] ▪ Die Informationen sind rechtzeitig vor Abgabe der Bestellung klar und verständlich mitzuteilen. (§ 312e Abs.1 S.1 Nr.2 BGB)	**Art und Weise der Informationsgewährung:**[528] ▪ Die Informationen sind vor Vertragsabschluss in eindeutiger und verständlicher Weise zu gewähren. (Art.66[1] § 2 KC)
Sonst. Pflichten	**Korrektur von Eingabefehlern:**[529] ▪ Der Unternehmer hat angemessene, wirksame und zugängliche technische Mittel zur Verfügung zu stellen, mit deren Hilfe der Kunde Eingabefehler vor Abgabe seiner Bestellung erkennen und berichtigen kann. (§ 312e Abs.1 S.1 Nr.1 BGB)	**Korrektur von Eingabefehlern:**[530] ▪ Der Unternehmer muss Methoden und die technischen Mittel zur Aufdeckung und Korrektur von Fehlern bereitstellen. (Art.66[1] § 2 Nr.4 KC)

527 Siehe dazu: 3.Teil, III.2 (S. 82).
528 Siehe dazu: 3.Teil, IV.2 (S.83 ff.).
529 Siehe dazu: 3.Teil, III.2 (S. 82).
530 Siehe dazu: 3.Teil, IV.2 (S.83 ff.).

	Deutschland	Polen
Sonstige Pflichten des Unternehmers	**Bestätigung der Bestellung:**[531] ▪ Der Zugang der Bestellung soll unverzüglich auf elektronischem Wege bestätigt werden. (§ 312e Abs.1 S.1 Nr.3 BGB)	**Bestätigung der Bestellung:**[532] ▪ Ein abgegebenes Angebot hat für den Anbieter keine bindende Wirkung, sofern die andere Partei dessen Erhalt nicht unverzüglich bestätigt. (Art.66^1 § 1 KC) ➔ ***Keine bindende Wirkung des Angebots bei fehlender Bestätigung der Bestellung.***
Sonstige Pflichten des Unternehmers	**Abruf und Wiedergabemöglichkeit der Vertragsbestimmungen:**[533] ▪ Der Unternehmer hat es zu ermöglichen, die Vertragsbestimmungen einschließlich der AGB bei Vertragsschluss abzurufen und in wiedergabefähiger Form zu speichern. (§ 312e Abs.1 S.1 Nr.4 BGB)	**Abruf und Wiedergabemöglichkeit der Vertragsbestimmungen:**[534] ▪ Nach Art.384 § 4 KC muss ein Verwender die AGB dergestalt zugänglich machen, dass die andere Partei diese aufbewahren und im gewöhnlichen Geschäftsbetrieb rekonstruieren kann. ▪ In Art.8 Nr.2 UsługElektronU wird ein Diensteanbieter dazu verpflichtet, der anderen Partei die AGB unentgeltlich zur Verfügung zu stellen, aber nur auf deren Verlangen hin ein Abrufen und Festhalten der AGB zu ermöglichen. ➔ ***Das Verhältnis zwischen Art.384 KC und Art.8 UsługElektronU ist unklar. Es wird aber in der Literatur die Ansicht vertreten, dass die Regelungen des Art.8 UsługElektronU Vorrang hat.***
Rechtsfolgen	**Rechtsfolgen:**[535] ▪ Evtl. bestehen Schadensersatzansprüche bzw. der Vertrag kann bei fehlenden essentialia negotii nicht zustande kommen. ▪ Steht dem Kunden ein Widerrufsrecht nach § 355 BGB zu, so beginnt	**Rechtsfolgen:**[536] ▪ Evtl. bestehen Schadensersatzansprüche bzw. der Vertrag kann u.U. nicht zustande kommen. ➔ ***Da „direkte" Sanktionen fehlen ist es fraglich, inwieweit diese Umsetzung ausreichend ist, um***

[531] Siehe dazu: 3.Teil, III.2 (S. 82).
[532] Siehe dazu: 3.Teil, IV.2 (S.83 ff.).
[533] Siehe dazu: 3.Teil, III.2 (S. 82).
[534] Siehe dazu: 3.Teil, IV.2 (S.83 ff.).
[535] Siehe dazu: 3.Teil, III.3 (S. 82 f.).
[536] Siehe dazu: 3.Teil, IV.3 (S.85).

	Deutschland	Polen
Rechtsfolgen	die Widerrufsfrist nicht vor Erfüllung der in § 312e Abs.1 S.1 BGB geregelten Pflichten. (§ 312e Abs.4 BGB) ➔ ***Die Widerrufsfrist verlängert sich auf drei Monate, sofern die in § 312e Abs.1 S.1 BGB geregelten Pflichten nicht erfüllt werden. In der Literatur wird jedoch die Ansicht vertreten, dass § 312e Abs.3 S.2 BGB so verstanden werden muss, dass sich die Widerrufsfrist nur verlängert, wenn der Unternehmer eine für das Widerrufsrecht bedeutende Pflicht verletzt hat.***	***eine Einhaltung der Erfüllung dieser Pflichten sicherzustellen, wie es in Art.11 Abs.1 ECRL von den Mitgliedsstaaten verlangt wird.***

III. Fazit

Sowohl Deutschland als auch Polen haben mit ihren Umsetzungen die Vorgaben der Fernabsatzrichtlinie größtenteils erfüllt und eine Grundlage für einen Verbraucherschutz in diesem Bereich geschaffen. Da beide Staaten dabei über das Mindestniveau der Fernabsatzrichtlinie hinausgegangen sind, ergeben sich einige Unterschiede in den Umsetzungen.

Generell lässt sich feststellen, dass in Polen eine größere Rechtsunsicherheit herrscht als in Deutschland. Gründe dafür sind u.a. die Implementierung europarechtlicher Vorgaben unter Zeitdruck, ohne dass dabei die Auswirkungen auf das bestehende Rechtssystem genügend berücksichtigt wurden. Auch gibt es aufgrund der relativ kurzen Geschichte des Verbraucherschutzes in der polnischen Literatur keine breite Diskussion zum Thema Fernabsatz wie sie beispielsweise in Deutschland statt findet bzw. stattfand. Die in Polen bestehenden Rechtsunsicherheiten könnten durch einschlägige Gerichtsurteile gelöst werden. Es wird aber noch einige Zeit dauern, bis eine „tatsächliche“ Rechtsangleichung erfolgt und polnische Gerichte beispielsweise europäische Rechtsprechung durchgehend berücksichtigen und Gesetze konsequent richtlinienkonform auslegen werden.

Literaturverzeichnis

Abramowicz, Katarzyna; Zawieranie umów z konsumentem na odległość, Stand: 02.07.2001, http://prawo.vagla.pl/node/4944, besucht am 30.11.2005

Aigner, Dietmar / Hofmann, Dietrich; Fernabsatzrecht im Internet, München 2004

Artz, Markus; Die Neuregelung des Widerrufsrechts bei Verbraucherverträgen, BKR 2002, S.603-609

Baumbach, Adolf / Hefermehl, Wolfgang; Wettbewerbsrecht, 23. Aufl. München 2004

Bülow, Peter / Artz, Markus; Verbraucherprivatrecht, Heidelberg 2003

-dieselben-; Fernabsatzverträge und Strukturen eines Verbraucherprivatrechts im BGB, NJW 2000, S.2049-2056

Brönneke, Tobias; Abwicklungsprobleme beim Widerruf von Fernabsatzgeschäften, MMR 2004, S.128-133

Brönneke, Tobias (Hrsg.); Kollektiver Rechtsschutz im Zivilprozeßrecht, Baden-Baden 2001

Brönneke, Tobias; Die Neuregelung der Klagebefugnis. Die Bedeutung des Eintrags in die Liste klagebefugter Verbraucherverbände nach §22a AGBG, in: derselbe (Hrsg.), Kollektiver Rechtsschutz im Zivilprozeßrecht, Baden-Baden 2001, S.75-85

Czepelak, Marcin; Zagadnienia kolizynoprawne ochrony konsumenta in: Nowińska, Ewa / Cybula, Piotr (Hrsg.), Europejskie prawo konsumenckie a prawo polskie, Zakamycze 2005, S.497-529

Dauner-Lieb, Barbara / Heidel, Thomas / Lepa, Manfred / Ring, Gerhard; Das neue Schuldrecht in der anwaltlichen Praxis: Verjährungsrecht, Leistungsstörungsrecht, Kaufrecht, Werkvertragsrecht, Schadensersatzrecht, Mietrecht; Bonn 2002

Dilger, Petra; Verbraucherschutz bei Vertragsabschlüssen im Internet, München 2002

Dötsch, Arnold; Verschärfte Verbraucherhaftung beim Widerruf?, NJW 2003, S.187-189

Ebers, Martin; Der Begriff des „Verbrauchers" in: Schulte-Nölke, Hans (Hrsg.) in Zusammenarbeit mit Twigg-Flesner, Christian / Ebers, Martin; EG-Verbraucherrechtskompendium – Rechtsvergleichende Studie, Bielefeld 2007, S.748–767

-derselbe-; Der Begriff des „Unternehmers" in: Schulte-Nölke, Hans (Hrsg.) in Zusammenarbeit mit Twigg-Flesner, Christian / Ebers, Martin; EG-Verbraucherrechtskompendium – Rechtsvergleichende Studie, Bielefeld 2007, S.768–777

Ernst, Ulrich; Zugang zu Recht, Juristen und Schrifttum in: Liebscher, Marc / Zoll, Fryderyk (Hrsg.), Einführung in das polnische Recht, München 2005, S.1-10

-derselbe- / Spyra, Marcin; Internationales Privat- und Verfahrensrecht in: Liebscher, Marc / Zoll, Fryderyk (Hrsg.), Einführung in das polnische Recht, München 2005, S.377-389

Glatz, Walburga; Die Entwicklung des polnischen Zivilrechts – Darstellung und Bewertung unter dem Aspekt des wirtschaftlichen Wandels, Berlin 2000

Godniak, Maciej K. / Godniak, Adrian; Transakcje E-Commerce jako zawieranie umów na odległość drogą elektroniczną; Roczniki Informatyki Stosowanej Wydziału Informatyki Politechniki Szczecińskiej 2005, Nr.9, S.485-491

Gößmann, Christine; Electronic Commerce – Die EU-Fernabsatzrichtlinie und ihre Auswirkungen auf den Handel über neue Medien, MMR 1998, S.88-93

Grigoleit, Hans Christoph; Besondere Vertriebsformen im BGB, NJW 2002, S.1151-1158

Haidenhain, Stephan; Das Verbraucherschutzrecht in Polen und in der europäischen Union – eine Untersuchung anhand der Problematik der Allgemeinen Geschäftsbedingungen (AGB), Berlin u.a. 2001

Härting, Niko; Fernabsatzgesetz, Kurzkommentar, 2. Aufl. Köln 2002

Heinrichs, Helmut; Das Widerrufsrecht nach der Fernabsatz-Richtlinie 97/7/EG, in: Beuthien, Volker / Fuchs, Maximilian / Roth, Herbert / Schiemann, Gottfried / Wacke, Andreas (Hrsg.), Festschrift für Dieter Medicus, Köln u.a. 1999, S.177-197

Hładyszewski, Marek; Umowy zawierane na odległość in: Nowińska, Ewa / Cybula, Piotr (Hrsg.), Europejskie prawo konsumenckie a prawo polskie, Zakamycze 2005, S.129-160

Jagielska, Monika; Umowy zawierane poza lokalem przedsiębiorstwa i na odległość, Monitor Prawniczy 2000, Nr.9, S.559-564

Klauer, Stefan; Das europäische Kollisionsrecht der Verbraucherverträge zwischen Römer EVÜ und EG-Richtlinien, Tübingen 2002

Kocot, Wojciech; Nowe zasady zawierania i wykonywania umów z udziałem konsumentów, Teil I, Przegląd Prawa Handlowego 2000, Nr.11, S.46-50

-derselbe-; Nowe zasady zawierania i wykonywania umów z udziałem konsumentów, Teil II, Przegląd Prawa Handlowego 2000, Nr.12, S.28-34

Kołodziej, Anastazja; Wygaśnięcie umowy zawieranei na odległość z konsumentem jako skutek braku dostępności świadczenia po stronie przedsiębiorcy, Przegląd Prawa Handlowego 2005, Nr.10, S.31-36

Konarski, Xawery; Ustawa o świadczeniu usług drogą electroniczną, Warszawa 2004

Korus, Krzysztof; Prawo handlu electronicznego, u.a. Bydgoszcz 2005

Lasota, Katarzyna; Verbraucherschutz im Internet nach polnischem Recht unter der Berücksichtigung der europäischen Rechtsangleichung, München 2004

Łętowska, Ewa; Ustawa o ochronie niektórych praw konsumentów, Warszawa 2000

Liebscher, Marc / Zoll, Fryderyk; Allgemeiner Teil des Zivilrechts in: Liebscher, Marc / Zoll, Fryderyk (Hrsg.), Einführung in das polnische Recht, München 2005, S.106-161

Lorenz, Stefan; Im BGB viel Neues: Die Umsetzung der Fernabsatzrichtlinie, JuS 2000, S.833-843

-derselbe-; Schuldrechtsreform 2002: Problemschwerpunkte drei Jahre danach, NJW 2005, S.1889-1892

Lütcke, Jens; Fernabsatzrecht – Kommentar zu den § 312b-312f BGB, München 2002

Martinek, Michael; Verbraucherschutz im Fernabsatz – Lesehilfe mit Merkpunkten zur neuen EU-Richtlinie, NJW 1998, S.207-208

Meents, Jan Geert; Verbraucherschutz bei Rechtsgeschäften im Internet, Köln 1998

Meub, Michael H.; Fernabsatz und E-Commerce nach neuem Recht, DB 2002, S.359-363

Micklitz, Hans-Wolfgang; Fernabsatz und E-Commerce im Schuldrechtsmodernisierungsgesetz, EuZW 2001, S.134-143

-derselbe-; Die Rechtsbruchklage nach §22 AGBG, in: Brönneke, Tobias (Hrsg.), Kollektiver Rechtsschutz im Zivilprozeßrecht, Baden-Baden 2001, S.87-135

-derselbe- / Reich, Norbert; Europäisches Verbraucherrecht, 4. Aufl. Baden-Baden 2003

-derselbe- /-derselbe-; Umsetzung der EG-Fernabsatzrichtlinie, BB 1999, S.2093-2100

-derselbe- / Tonner, Klaus; Handkommentar zum Vertriebsrecht, Baden-Baden 2002

Mohrhauser, Ralf; Der Fernabsatz von Finanzdienstleistungen an Verbraucher, Baden-Baden 2006

Mostowik, Piotr; Uwagi dotyczące rozwoju prawa konsumenckiego na tle nowelacji kodeksu cywilnego z 2003 r.; Radca Prawny 2003, Nr.4, S.37-46

Münchner Kommentar; Kommentar zum Bürgerlichen Gesetzbuch

- Band 1, Allgemeiner Teil, §§ 1-240, AGB-Gesetz, 4. Aufl. München 2001
- Band 2a, Schuldrecht Allgemeiner Teil, §§ 241-432, 4. Aufl. München 2003

Olczyk, Mariusz; Komentarz do niektórych przepisów kodeksu cywilnego, zmienionych ustawą z dnia 14 lutego 2003 r. o zmianie ustawy – Kodeks cywilny oray niektórych innych ustaw (Dz.U. 2003, Nr.49, Pos.408)

Palandt; Kommentar zum Bürgerlichen Gesetzbuch, 66. Aufl. München 2007

Podrecki, Paweł; Ochrona konsumentów w umowach zawieranych na odległość in: Barta, Janusz / Markiewicz, Ryszard (Hrsg.), Handel elektroniczny. Prawne Problemy, Zakamycze 2005, S.713-730

Pützhoven, Andreas; Europäischer Verbraucherschutz im Fernabsatz, München 2002

Rączka, Gabriela; Ochrona konsumentów w usługach świadczonych drogą elektroniczną, Przegląd Prawa handlowego 2005, Nr.7, S.30-35

Ravluševičuis, Pavel; Umsetzungskonzepte der EG-Verbraucherschutzrichtlinien: [dargestellt am Beispiel der EG-Produkthaftungsrichtlinie, der EG-Richtlinie über mißbräuchliche Klauseln in Verbraucherverträgen, der EG-Richtlinie über Pauschalreisen und der EG-Richtlinie über den Verbraucherschutz bei Vertragsabschlüssen im Fernabsatz; rechtsvergleichende Untersuchung der deutschen, österreichischen und polnischen Rechtsordnung], Frankfurt am Main 2002

Reich, Norbert; Die neue Richtlinie 97/7/EG über den Verbraucherschutz bei Vertragsabschlüssen im Fernabsatz, EuZW 1997, S.581-589

Rejdak, Monika; Definicja konsumenta w rozumieniu kodeksu cywilnego (art.22(1) k.c.); Rejent 2006, Nr.1, S.118-135

Rossnagel, Alexander (Hrsg.); Recht der Multimediadienste, München, Loseblattsammlung, Stand: 2006

Rühl, Giesela; Die Kosten der Rücksendung bei Fernabsatzverträgen: Verbraucherschutz versus Vertragsfreiheit?, EuZW 2005, S.199-202

Rünz, Britta; Verbraucherschutz im Fernabsatz – Informationspflicht und Widerrufsrecht als Schutzinstrumente deutscher und europäischer Vorschriften, Schriften zum Informations-, Telekommunikations- und Medienrecht, Band 30, Münster 2004

Schulte-Nölke, Hans / Andreas Börger; Fernabsatzrichtlinie (97/7) in: Schulte-Nölke, Hans (Hrsg.) in Zusammenarbeit mit Twigg-Flesner, Christian / Ebers, Martin; EG-Verbraucherrechtskompendium – Rechtsvergleichende Studie, Bielefeld 2007, S.526-613

Seiler, Wolfgang; Verbraucherschutz auf elektronischen Märkten, Tübingen 2006

Stanisławska-Kloc, Sybilla; Świadczenie usług drogą elektroniczną – aspekty konsumenckie in: Nowińska, Ewa / Cybula, Piotr (Hrsg.), Europejskie prawo konsumenckie a prawo polskie, Zakamycze 2005, S.249-305

Staudinger; Kommentar zum Bürgerlichen Gesetzbuch mit Einführungsgesetzen und Nebengesetzen

- Buch 2, Recht der Schuldverhältnisse §§ 311, 311a, 312, 312a-f (Vertragsschluss), Neubearbeitung Berlin 2005
- Buch 2, Recht der Schuldverhältnisse, Einl. zu §§ 241 ff, §§ 241-243 (Einleitung zum Schuldrecht, Treu und Glauben), Neubearbeitung Berlin 2005
- Buch 2, Recht der Schuldverhältnisse, §§ 328-359 (Vertrag zugunsten Dritter, Rücktritt und Widerruf), Neubearbeitung Berlin 2004
- Einführungsgesetz zum Bürgerlichen Gesetzbuch / IPR, Einleitung zu Art.37 ff. EGBGB; Art.27-33 EGBGB, 13. Bearbeitung Berlin 2002

Szczygielska, Katarzyna; Odstąpienie od umowy zawartej na odległość w prawie niemieckim i polskim, Kwartalnik Prawa Prywatnego 2003, Nr.2, S.409-425

Szostek, Dariusz; Czynność prawna a środki komunikacji elektronicznej, Zakamycze 2004

Thode, Reinhold; Die Electronic-Commerce-Richtlinie – Die Umsetzung der vertragsrechtlichen Vorgaben in das Recht der Bundesrepublik Deutschland, NZBau 2001, S.345-356

Tonner, Klaus; Das neue Fernabsatzgesetz – oder: System statt "Flickenteppich", BB 2000, S.1413-1420

Wilmer, Thomas / Hahn, Harald; Fernabsatzrecht – Kommentar und systematische Darstellung, Heidelberg 2002

Anhang

Auszug aus dem Gesetz vom 2. März 2000 über den Schutz einiger Verbraucherrechte sowie die Verantwortung für durch gefährliche Produkte hervorgerufene Schäden[537]

Kapitel 1 – Verträge, die außerhalb der Geschäftsräume des Unternehmers abgeschlossen wurden

(...)

Kapitel 2 – Fernabsatzverträge[538]

Artikel 6

(1) Verträge, die mit einem Verbraucher, ohne gleichzeitige Anwesenheit beider Parteien unter Benutzung von Kommunikationsmitteln auf Entfernung geschlossen wurden, insb. von gedruckten oder elektronischen Bestellscheinen mit oder ohne Anschrift, von elektronischen oder gedruckten Serienbriefen, von Pressewerbung mit gedrucktem Bestellformular, Werbung in elektronischer Form, von Katalogen, Telefon, Fernkopie (Telefax), Hörfunk, Fernsehen, von telefonischer Kommunikation mit Automaten als Gesprächspartnern (Voice-Mail-System), von Bildtelefonen, Videotext, elektronischer Post (Email) oder von anderen elektronischen Kommunikationsmitteln i.S.d. Gesetzes vom 18.07.2002 über Dienstleistungen auf elektronischem Wege (Dz.U. Nr.144, poz.1204)[539] abgeschlossen werden, sind Fernabsatzverträge, vorausgesetzt der Vertragspartner des Verbrauchers ist ein Unternehmer, der seine Tätigkeit auf so eine Weise organisiert hat.

(2) Das Angebot zum Vertragsabschluss in Form eines Angebots, einer Einladung zur Abgabe von Angeboten oder Bestellungen[540] oder zur Aufnahme von Verhandlungen sollte eindeutig und in verständlicher Weise über die Absicht des Anbietenden, einen Vertrag zu schließen, informieren.

(3) Die Verwendung von Telefonen, Bildtelefonen, Fernkopien (Telefax), elektronischer Post (Email), telefonischer Kommunikation mit Automaten als Gesprächspartnern (Voice-Mail-System) oder von anderen Fernkommunikationstechniken mit dem Ziel, ein Angebot zum Abschluss eines Vertrages abzugeben, kann ausschließlich nur mit vorherigem Einverständnis des Verbrauchers erfolgen.

(4) Die Nutzung von Fernkommunikationsmitteln mit dem Ziel, ein Vertragsangebot abzugeben, kann nicht zu Lasten des Verbrauchers gehen.

Artikel 7

(1) Ein Verbraucher, der einen Vertrag im Fernabsatz geschlossen hat, kann diesen ohne Angabe von Gründen widerrufen, indem er eine entsprechende Erklärung in Schriftform innerhalb einer Frist von 10 Tagen, gerechnet nach Art.10 Abs.1, ab-

---

[537] Übersetzt von der Verfasserin unter Zuhilfenahme der Übersetzung einer älteren Fassung dieses Gesetzes von *Haidenhain*, Das Verbraucherschutzrecht in Polen und in der europäischen Union, S.332 ff.

[538] Wörtlich: Verträge, die auf Entfernung abgeschlossen worden sind.

[539] Dieses Gesetz ist die Umsetzung der E-Commerce-Richtlinie.

[540] Sprich einer *invitatio ad offerendum*.

gibt. Zur Wahrung dieser Frist genügt es, die Erklärung vor Ablauf der Frist abzusenden.

(2) Eine Vereinbarung, dass der Verbraucher den Vertrag nur gegen Zahlung eines Entgeltes (Abstandsgeld) widerrufen kann, ist unzulässig.

(3) Im Falle eines Widerrufs ist der Vertrag als nicht geschlossen anzusehen und der Verbraucher ist von jeglichen Verpflichtungen befreit. Das von den Parteien bereits Geleistete ist in einem unverändertem Zustand zurückzugewähren, es sei denn, dass eine Veränderung innerhalb der gewöhnlichen Geschäftsführung notwendig war. Die Rückgabe sollte unverzüglich, spätestens innerhalb von 14 Tagen erfolgen. Falls der Verbraucher irgendwelche Vorauszahlungen geleistet hat, so sind diese vom Tag der Vorauszahlung an zu verzinsen.

Artikel 8

(1) Ein Vertrag über eine dauernde oder wiederkehrende Leistung kann auf eine bestimmte oder unbestimmte Zeit abgeschlossen werden.

(2) Ein Vertrag mit einer Laufzeit von über einem Jahr gilt nach Ablauf dieses Jahres als für eine unbestimmte Zeit abgeschlossen.

(3) Falls die Vertragsdauer nicht bestimmt ist, können beide Parteien ohne Angabe von Gründen den Vertrag unter Einhaltung einer einmonatigen Frist kündigen, es sei denn, die Parteien haben eine kürzere Kündigungsfrist vereinbart.

Artikel 9

(1) Der Verbraucher sollte bei der Verwendung von Fernkommunikationstechniken, spätestens zum Zeitpunkt in dem ihm ein Angebot unterbreitet wird, informiert werden über:

1. Vor- und Nachname (Name), Anschrift der Wohnung (des Sitzes) des Unternehmers oder des Organs, das die gewerbliche Tätigkeit des Unternehmens registriert hat, sowie die dazugehörige Registriernummer,
2. die wesentlichen Eigenschaften der Leistung und deren Gegenstand,
3. den Preis oder die Vergütung einschließlich aller Bestandteile, insb. Zoll und Steuern,
4. die Zahlungsbedingungen[541] des Preises oder der Vergütung,
5. die Kosten, die Fristen sowie die Methode der Lieferung,
6. das Recht, den Vertrag innerhalb von 10 Tagen zu widerrufen, mit den in Art.10 Abs.3 aufgeführten Ausnahmen,
7. die Kosten für den Gebrauch von Fernkommunikationstechniken, soweit sie anders als nach dem üblichen Tarif berechnet werden,
8. die Frist, in der das Angebot oder die Information über den Preis oder der Vergütung einen bindenden Charakter hat,
9. die Mindestlaufzeit eines Vertrag über dauernde oder wiederkehrende Leistungen,
10. den Ort und das Verfahren[542] wie Beanstandungen vorgebracht werden können,
11. das Recht, den Vertrag gem. Art.8 Abs.3 zu kündigen.

---

[541] Wörtlich: Grundsätze der Zahlung.

[542] Wörtlich: Art und Weise.

(2) Die Informationen in Abs.1 müssen eindeutig und auf eine verständliche Weise formuliert und leicht zu lesen sein.
(3) Der Unternehmer ist verpflichtet, dem Verbraucher die Informationen in Abs.1 in Schriftform, spätestens zum Zeitpunkt des Beginns der Erfüllung der Leistung zu bestätigen.
(4) Abs.3 ist, mit Ausnahme der in Abs.1 Nr.1 aufgeführten Information, nicht anzuwenden, wenn es sich um eine einmalige Leistung handelt, die unmittelbar durch den Einsatz von Fernkommunikationstechniken erbracht wird und für die eine Rechnung von einer natürlichen oder juristischen Person ausgestellt wird, die im Rahmen ihrer unternehmerischen Tätigkeit mindestens ein Fernkommunikationsmittel unterhält, das sowohl dem Verbraucher als auch dem Unternehmer (Betreiber einer Kommunikationstechnik) zugänglich ist.

Artikel 10

(1) Die 10-Tagesfrist, innerhalb derer der Verbraucher den Vertrag widerrufen kann, beginnt mit dem Tag der Lieferung der Ware[543], bei Dienstleistungen mit dem Tag des Vertragsabschlusses.
(2) Bei fehlender Bestätigung der in Art.9 Abs.1 aufgeführten Informationen beträgt die Frist, in der der Verbraucher den Vertrag widerrufen kann, 3 Monate und beginnt mit dem Tag der Lieferung der Ware[544], bei Dienstleistungen mit dem Tag des Vertragsabschlusses. Wenn der Verbraucher jedoch nach Beginn dieser Frist eine Bestätigung erhält, verkürzt sich die Frist auf 10 Tage von diesem Zeitpunkt an.
(3) Sofern die Parteien nichts anderes vereinbart haben, steht dem Verbraucher in den folgenden Fällen kein Recht auf Widerruf des Vertragsabschlusses im Fernabsatz zu:
   1. Die Ausführung der Dienstleistung hat, mit Zustimmung des Verbrauchers, vor Ablauf der in Art.7 Abs.1 geregelten Frist begonnen.
   2. Bei Audio-, Videoaufzeichnungen und Software, die vom Verbraucher entsiegelt worden sind.
   3. Bei Verträgen über Leistungen, deren Preis oder Vergütung ausschließlich von der Preisentwicklung auf den Finanzmärkten abhängt.
   4. Bei Leistungen mit Eigenschaften, die durch den Verbraucher in dessen Bestellung bestimmt wurden oder die mit der Person des Verbrauchers eng zusammenhängen.
   5. Bei Leistungen die aufgrund ihrer Beschaffenheit nicht für eine Rücksendung geeignet sind oder schnell verderben können.
   6. Bei der Lieferung von Presseerzeugnissen.
   7. Bei Verträgen zur Erbringung von Wett- und Lotterie-Dienstleistungen.

Artikel 11

(1) Der Vertrag kann den Verbraucher nicht dazu verpflichten, den Preis oder die Vergütung vor Erhalt der Leistung zu zahlen.

---

[543] Wörtlich: Übergabe der Sache.
[544] Wörtlich: Übergabe der Sache.

(2) Der Vertrag muss den Ort sowie die Art und Weise eine Beanstandung vorzubringen beschreiben, wobei diese keine unverhältnismäßigen Schwierigkeiten oder Kosten auf Seiten des Verbrauchers verursachen dürfen.

Artikel 12

(1) Sofern die Parteien nichts Anderweitiges vereinbart haben, hat der Unternehmer den im Fernabsatz abgeschlossenen Vertrag spätestens 30 Tage nach der Abgabe der Willenserklärung des Verbrauchers zum Abschluss des Vertrages zu erfüllen.

(2) Wenn der Unternehmer die Leistung nicht erbringen kann, weil der Leistungsgegenstand nicht verfügbar ist, so hat der Unternehmer den Verbraucher unverzüglich, spätestens aber innerhalb von 30 Tagen nach Vertragsabschluss darüber zu unterrichten und ihm die bisher geleistete Zahlung vollständig zurückzuerstatten.

(3) Falls der Unternehmer seine Vertragspflichten auf Grund einer und wenn auch nur vorübergehenden Unmöglichkeit der Erfüllung der Leistung mit den vom Verbraucher bestellten Eigenschaften nicht erfüllen kann, so kann der Unternehmer, vorausgesetzt so eine Möglichkeit wurde im Vertrag vereinbart, sich von seiner Verpflichtung durch eine in Qualität und Preis gleichwertige Ersatzlieferung befreien. Dabei ist der Verbraucher unverzüglich in Schriftform über sein Recht zu informieren, diese Leistung nicht annehmen zu müssen und den Vertrag widerrufen zu können, wobei die Kosten der Rückgabe zu Lasten des Unternehmers gehen.

(4) In den in Abs.3 beschriebenen Fällen richtet sich das Widerrufsrecht des Verbrauchers nach den Regelungen des Art.7. Die Kosten der Rückgabe der Sache trägt in diesem Fall der Unternehmer.

Artikel 13

(1) Wenn der Verbraucher den Vertrag widerruft, so ist der Unternehmer verpflichtet, die Rückgabe der Leistung in Schriftform zu bestätigen.

(2) Wenn die Leistung des Verbrauchers durch einen Kredit oder ein Darlehen des Unternehmers finanziert werden soll oder wenn der Vertrag die Nutzung eines Kredits vorsah, der aufgrund einer Vereinbarung zwischen dem Kreditgeber und dem Unternehmern gewährt wurde, so ist der Widerruf des Fernabsatzvertrags auch gegenüber dem Finanzierungsvertrag wirksam.

Artikel 14

Der Verbraucher kann auf Kosten des Unternehmers die Stornierung der Zahlung mit einer Zahlungskarte im Falle einer missbräuchlichen Verwendung dieser Karte bei der Erfüllung des Fernabsatzvertrages verlangen. Eventuelle Schadensersatzansprüche gegen den Verbraucher bleiben davon unberührt.

Artikel 15

Die Erfüllung einer vom Verbraucher nicht bestellten Leistung erfolgt auf das Risiko des Unternehmers und auferlegt dem Verbraucher keinerlei Verpflichtungen.

Artikel 16

(1) Die Vorschriften über Vertragsabschlüsse im Fernabsatz gelten nicht für Verträge, die:

1. unter Verwendung von Warenautomaten geschlossen werden,
2. unter Verwendung von anderen Automaten, die in Geschäftsräumen untergebracht sind, geschlossen werden,
3. Renten betreffen,
4. mit Betreibern von Telekommunikationsmitteln aufgrund der Benutzung von öffentlichen Fernsprechern geschlossen werden,
5. Immobilien mit Ausnahme der Vermietung betreffen,
6. bei Verkauf aus einer Versteigerung geschlossen werden.

(2) Die Vorschriften der Art.7, 9 und 12 Abs.1 gelten nicht für:
1. Verträge über den Verkauf von Lebensmitteln, die von Zeit zu Zeit durch den Verkäufer an den Wohnsitz oder an den Arbeitsplatz des Verbrauchers geliefert werden.
2. Verträge über Dienstleistungen in einem zeitlich engen Rahmen in den Bereichen Unterbringung, Beförderung, Freizeitgestaltung, Gastronomie. Bei Freizeitveranstaltungen unter freiem Himmel kann sich der Unternehmer auch das Recht vorbehalten, sich von der in Art.12 Abs.2 geregelte Pflicht zu entbinden, den Verbraucher über die Nichtverfügbarkeit des Leistungsgegenstandes zu informieren, jedoch nur unter den im Vertrag vereinbarten Umständen.

Kapitel 2a – Spezielle Vorschriften über Verträge, die auf Entfernung abgeschlossen worden sind und Finanzdienstleistungen betreffen

(...)

Artikel 17

Die in Art.1 bis 16e aufgeführten Verbraucherrechte können weder durch Vertragsgestaltung noch durch Wahl eines fremden Rechts als Vertragsrecht eingeschränkt oder ausgeschlossen werden.

Auszug aus dem kodeks cywilny:

Art.66[1] [Elektronisch vermitteltes Angebot][545]

§ 1. Ein in elektronischer Form abgegebenes Angebot hat für den Anbieter keine bindende Wirkung, wenn die andere Partei seinen Erhalt nicht unverzüglich bestätigt.

§ 2. Ein Unternehmer, der ein Angebot in elektronischer Form macht, hat die andere Partei vor Vertragsabschluss in eindeutiger und verständlicher Weise in Kenntnis zu setzen über:
1. die technischen Einzelheiten des Verfahrens,
2. die Rechtsfolgen der Bestätigung des Empfangs des Angebots durch die andere Partei,

[545] Die Übersetzung dieses Artikels des *kodeks cywilny* ist entnommen aus: Polnische Wirtschaftsgesetze, 7. Aufl. Warszawa 2005, übersetzt von Rechtsanwalt Dr. Alexander Lane, München, bearbeitet und fortgeführt von Dr. Erhardt Gralla, Puchheim.

3. die Grundsätze wie auch die Art und Weise der Aufzeichnung, Sicherung und Zugänglichmachung des Inhalts des abgeschlossenen Vertrages der anderen Partei durch den Unternehmer,
4. die Methoden und die technischen Mittel zur Aufdeckung und Korrektur von Fehlern in den eingegebenen Daten, die er der anderen Partei zugänglich zu machen hat,
5. die Sprachen, in denen der Vertrag abgeschlossen werden kann,
6. die von ihm angewendeten ethischen Grundregeln und ihre Zugänglichkeit in elektronischer Form.

§ 3. Die Vorschriften des § 2 finden entsprechende Anwendung, wenn der Unternehmer die andere Partei zur Aufnahme von Verhandlungen, zur Abgabe von Angeboten oder zum Vertragsabschluss auf andere Weise einlädt.

§ 4. Die Vorschriften der §§ 1-3 finden keine Anwendung auf den Abschluss von Verträgen vermittels der elektronischen Post oder eines ähnlichen Fernmeldemittels. Sie finden auch keine Anwendung in den Beziehungen zwischen Unternehmern, wenn dies die Parteien so vereinbart haben.

Pforzheimer wirtschaftsrechtliche Studien

Herausgegeben von Rainer Gildeggen und Andreas Willburger

Band 1 Fabian Rieß: Publikumswerbung für verschreibungspflichtige Arzneimittel. 2007.

Band 2 Julia Andrzejewski: Die Umsetzung der Fernabsatzrichtlinie in Deutschland und in Polen. Die Umsetzung der Richtlinie 1997/7/EG des Europäischen Parlaments und des Rates vom 20.05.1997 über den Verbraucherschutz bei Vertragsabschlüssen im Fernabsatz in Deutschland und Polen. 2008.

www.peterlang.de

Lutz Aye

Verbraucherschutz im Internet nach französischem und deutschem Recht

Eine Studie im Lichte der europäischen Rechtsangleichung

Frankfurt am Main, Berlin, Bern, Bruxelles, New York, Oxford, Wien, 2005.
520 S.
Europäische Hochschulschriften: Reihe 2, Rechtswissenschaft. Bd. 4180
ISBN 978-3-631-53770-1 · br. € 79.50*

Das Thema Verbraucherschutz ist in Bezug auf das Internet aus zwei Gründen interessant: Die herkömmlichen Rechtsinstrumente müssen an die neue, virtuelle Umgebung angepasst werden. Außerdem ist das Internet aufgrund seiner Grenzenlosigkeit ein ideales Medium zur Verwirklichung des europäischen Binnenmarkts. Die relevanten Rechtsbereiche sind durch europäische Richtlinien weitgehend harmonisiert. Die Umsetzung der Bestimmungen in Frankreich und Deutschland ist jedoch nicht immer einheitlich. Zu Beginn dieser rechtsvergleichenden Untersuchung werden allgemeine Kriterien zur Bewertung verbraucherschützender Bestimmungen entwickelt. Auf der Grundlage der Untersuchungsergebnisse stellt der Autor Lösungsansätze für eine Verbesserung des Verbraucherschutzes im Binnenmarkt vor.

Aus dem Inhalt: Gründe für Verbraucherschutz allgemein und im Internet · Vorstellung der relevanten europäischen, französischen und deutschen Rechtsquellen · Rechtsvergleichende Untersuchung des Verbraucherschutzes in den Bereichen Werbung, Informationspflichten, Vertragsschluss, Formvorschriften, Widerrufsrecht, Vertragserfüllung und Datenschutz · Kollisionsrecht und Internationale Zuständigkeit · Auswirkungen auf den Binnenmarkt · Europäisches Vertragsrecht · Außergerichtliche Streitbeilegung · Gütesiegel für Internetangebote

Kolibri 360 GmbH
Ferdinand-Jühlke-Straße 7
99095 Erfurt, Deutschland
produktsicherheit@kolibri360.de

Druck:
CPI Druckdienstleistungen GmbH
im Auftrag der
Kolibri 360 GmbH
Ferdinand-Jühlke-Str. 7
99095 Erfurt